GW01377160

سچے اسلامی واقعات

(مستند تاریخِ اسلام سے منتخب)

از:

حافظ عبدالشکور

© Taemeer Publications LLC
Sachche Islami Waqiaat
by: Hafiz Abdul Shakoor
Edition: July '2023
Publisher & Printer:
Taemeer Publications LLC (Michigan, USA / Hyderabad, India)

ISBN 978-93-5872-862-0
9 789358 728620

مصنف یاناشر کی پیشگی اجازت کے بغیر اس کتاب کا کوئی بھی حصہ کسی بھی شکل میں بشمول ویب سائٹ پر اَپ لوڈنگ کے لیے استعمال نہ کیا جائے۔ نیز اس کتاب پر کسی بھی قسم کے تنازع کو نمٹانے کا اختیار صرف حیدرآباد (تلنگانہ) کی عدلیہ کو ہو گا۔

©تعمیر پبلی کیشنز

کتاب	:	**سچے اسلامی واقعات**
مصنف	:	**حافظ عبد الشکور**
صنف	:	تاریخ اسلام
ناشر	:	تعمیر پبلی کیشنز (حیدرآباد، انڈیا)
زیر اہتمام	:	تعمیر ویب ڈیولپمنٹ، حیدرآباد
سالِ اشاعت	:	۲۰۲۳ء
تعداد	:	(پرنٹ آن ڈیمانڈ)
طابع	:	تعمیر پبلی کیشنز، حیدرآباد - ۲۴
صفحات	:	۶۲
سرورق ڈیزائن	:	تعمیر ویب ڈیزائن

فہرست

واقعہ نمبر	واقعہ کا نام	صفحہ نمبر
1	کفار کی نبی کریم ﷺ کے ساتھ بدسلوکیاں	5
2	میری بیٹی رونہیں............ اللہ تیرے باپ کا حامی ہے	5
3	حضور پاک ﷺ کے صاحبزادے کی وفات پر ابولہب کا اظہار مسرت	5
4	حضور ﷺ کی صاحبزادیوں کو ابولہب کے بیٹوں کا طلاق دینا	6
5	کفار مکہ کا نبی کریم ﷺ کو مصیبت میں ڈالنے کیلئے ایک مذموم قدم	6
6	نبی کریم ﷺ کا رعب کفار پر ہمیشہ بھاری	6
7	اسلام کے پہلے خطیب کے ساتھ کفار مکہ کی بدسلوکی	7
8	اسما رضی اللہ عنہا کے ساتھ ابوجہل کی بدسلوکی	8
9	نصرانی غلام عداس کے اسلام لانے کا ایمان افروز واقعہ	8
10	حضرت خباب رضی اللہ عنہ بن ارت کا ایمان لانا	9
11	حضرت عبداللہ بن سلام رضی اللہ عنہ کے اسلام لانے کا واقعہ	10
12	حضرت طفیل رضی اللہ عنہ بن عمرو دوسی کے اسلام لانے کا واقعہ	10
13	حضرت اسود الراعی رضی اللہ عنہ کے اسلام لانے کا واقعہ	11
14	حضرت ابوذر رضی اللہ عنہ کا ایمان لانا	12
15	حضرت عبداللہ ذوالبجادینؓ کے ایمان لانے کا واقعہ	13
16	حضرت امیر حمزہ رضی اللہ عنہ کا اسلام لانا	15
17	عمیر بن وہیب قریشی کے اسلام لانے کا واقعہ	15
18	ہندہ کا رحمۃ للعالمین سے معافی مانگنے کا واقعہ	17
19	ابوھریرۃ رضی اللہ عنہ کی ماں کے اسلام لانے کا واقعہ	18
20	حضرت خبیب رضی اللہ عنہ بن عدی کے ایمان کا امتحان	18
21	حضرت عائشہ صدیقہؓ کے آنسو!	20
22	حضرت سعد بن مالک رضی اللہ عنہ کا واقعہ	24
23	حضرت عبداللہ بن حذافہ رضی اللہ عنہ کا واقعہ	24

25		خون کا پیالہ	24
26		ایک بچے کے ایمان کی آزمائش	25
27		جنت کی بشارت سن کر انگوروں کا گچھا پھینک دیا	26
28		دو ننھے مجاہدوں کا ابوجہل کو قتل کرنا	27
28		ایک شہید کی آرزو	28
29		جنگ احد کا ایک شہید	29
29		نکل جائے دم تیرے قدموں کے نیچے	30
29		بوقت شہادت ایک صحابی رضی اللہ عنہ کی آرزو	31
30		جنگ یرموک کا ایک واقعہ	32
30		چاروں شہید بیٹوں کی ماں	33
31		ابوجندل رضی اللہ عنہ کفار مکہ کی قید میں	34
31		حضرت کعب بن مالک رضی اللہ عنہ کا امتحان	35
34		سیدہ زینب رضی اللہ عنہا کی داستان مصیبت	36
35		ام المومنین ام حبیبہ رضی اللہ عنہا کا واقعہ	37
36		ام سلمہ سے ام المؤمنین رضی اللہ عنہا	38
37		ابوجہل، ابوسفیان اور اخنس بن شریق کا دیوار سے لگ کر قرآن مجید سننا	39
37		حضرت اسید رضی اللہ عنہ کا گھوڑا فرشتوں کو دیکھ کر بدکنے لگا	40
38		ایک صحابی رضی اللہ عنہ کے نکاح کا ایمان افروز واقعہ	41
38		ایک باعصمت لڑکی اور کفل کا واقعہ	42
39		رب کی خاطر محبوبہ کو چھوڑنے والا	43
40		ابوہریرہ رضی اللہ عنہ کا خوف الٰہی	44
41		بغداد کا سعدون	45
41		جریج کا واقعہ	46
42		حضرت علقمہ رضی اللہ عنہ کا واقعہ	47

48	سیاہ ہاتھ	43	
49	نیک بخت باپ اور بدبخت اولاد کا واقعہ	44	
50	علوی خاندان کی ایک عورت کا واقعہ	44	
51	واقعہ ایک باغ کی خیرات کا	45	
52	بادلوں کو ایک شخص کے باغ کو سیراب کرنے کا حکم	46	
53	صہیب بن سنان الرومی کا واقعہ	46	
54	سراقہ رضی اللہ عنہ اعرابی کے ہاتھوں میں کسریٰ کے کنگن	47	
55	قصہ ایک دشمن رسول صلی اللہ علیہ وسلم کے قتل کا	47	
56	دشمن رسول صلی اللہ علیہ وسلم کعب بن اشرف کا انجام	48	
57	حضرت زید بن حارثہ رضی اللہ عنہ کا واقعہ	50	
58	ازواج مطہرات کا آپ صلی اللہ علیہ وسلم سے مال طلب کرنے کا دلچسپ واقعہ	51	
59	حضرت عائشہ رضی اللہ عنہا کا ہار ثو ثنا، امت کے لیے رحمت	51	
60	غیبی امداد کا ایک واقعہ	52	
61	رسول اللہ صلی اللہ علیہ وسلم کا والدہ کی قبر کے پاس رونا	53	
62	رسول اللہ صلی اللہ علیہ وسلم کی ولادت اور آپ صلی اللہ علیہ وسلم کے والدین کی وفات	53	
63	عبدالمطلب کا جنازہ اور نبی کریم صلی اللہ علیہ وسلم کی حالت	54	
64	نبی کریم صلی اللہ علیہ وسلم کی آنکھوں آنسو دیکھ کر ابوطالب کی حالت زار	54	
65	ابوطالب کے دین فوت ہونے پر نبی کریم صلی اللہ علیہ وسلم کا رونا	55	
66	ام المومنین حضرت خدیجہ رضی اللہ عنہا کا نکاح	56	
67	نبی صلی اللہ علیہ وسلم پر نزول وحی کا آغاز	56	
68	نبی کریم صلی اللہ علیہ وسلم کا اعلان نبوت اور وفات خدیجہ رضی اللہ عنہا	57	
69	نبی کریم صلی اللہ علیہ وسلم کا اعلان نبوت اور وفات خدیجہ رضی اللہ عنہا	58	
70	حضرت بلال رضی اللہ عنہ کے مصائب	59	

بسم اللہ الرحمن الرحیم

سچے اسلامی واقعات

مصنف: حافظ عبدالشکور حفظہ اللہ

واقعہ نمبر.1

کفار کی نبی کریم ﷺ کے ساتھ بدسلوکیاں

ایک روز آنحضرت ﷺ بیت اللہ میں نماز پڑھ رہے تھے کہ عقبہ بن ابی معیط آیا اور آتے ہی اپنی چادر اتار کر رسول اللہ ﷺ کے گلے (مبارک) میں ڈل دی اور پیچ در پیچ دینے شروع کر دیئے. آپ ﷺ کا دم گھٹنے لگا اتنے میں ابوبکر صدیق رضی اللہ عنہ کو پتہ چلا وہ تشریف لائے اور دھکے دے کر اس ملعون کو ہٹایا.

''کفار نے آپ کو طرح طرح کی تکلیفیں دیں. کبھی جسم اطہر پر نجاستیں ڈالیں کبھی گلے میں پھندا ڈال کر کھینچا. گھر کے دروازے کے سامنے کانٹے بچھائے (تا کہ صبح سویرے جب آپ یا آپ کے بچے باہر نکلیں تو کوئی کانٹا پاؤں میں چبھ جائے) گالیاں دیں، قتل کے منصوبے بنائے، جسم اطہر کو لہولہان کیا. قید میں رکھا، آپ ﷺ کے صحن میں پکے ہوئے کھانے پر غلاظتیں پھینکیں. (آپ ﷺ کی شان میں اس قدر گستاخیاں کیں کہ اللہ کی پناہ) کبھی پاگل کہہ کر پکارا اور کبھی جادوگر (نعوذ باللہ)، کبھی مذمم کہا اور کبھی شاعر (اللہ کی پناہ)، ابولہب نے تو ایک مجلس میں یہاں تک کہہ دیا کہ محمد (ﷺ) تیرے ہاتھ (مبارک) ٹوٹ جائیں. نعوذ باللہ.'' (صحاح ستہ)

(یہ عبارت حافظ عبدالشکور کی کتاب ''صحیح اسلامی واقعات سے ماخوذ ہے''، صفحہ نمبر 9)

قارئین سرور کائنات حضرت محمد ﷺ پر کس قدر سختیاں کی گئیں صرف وصرف دین کی بنیاد پر. اللہ تعالیٰ کا لاکھ لاکھ درود وسلام ہو آپ ﷺ پر اور ان کفار پر اللہ کی، فرشتوں کی اور تمام انسانوں کی لعنت ہو جنھوں نے آپ ﷺ کو پریشان کیا. آمین یارب العالمین

واقعہ نمبر.2

میری بیٹی رو نہیں............اللہ تیرے باپ کا حامی ہے

ایک روز قریش کے ایک اوباش نے سر بازار حضور اکرمؐ کے سر مبارک پر مٹی ڈال دی. آپؐ اسی حال میں گھر تشریف لے گئے. صاحبزادیوں میں سے ایک آپؐ کا سر دھو رہی تھیں اور اپنے ابا کو اس حالت میں دیکھ کر رو رہی تھیں. آپؐ انہیں تسلی دیتے اور فرماتے کہ رو نہیں میری بیٹی اللہ تیرے باپ کا حامی ہے.

(ابن ہشام)

واقعہ نمبر.3

حضور پاک ﷺ کے صاحبزادے کی وفات پر ابولہب کا اظہار مسرت

ابولہب کے خبث باطن کا یہ حال تھا کہ جب رسول اللہ ﷺ کے صاحبزادے حضرت قاسم کے بعد دوسرے صاحبزادے حضرت عبداللہ کا بھی انتقال ہو گیا تو یہ اپنے بھتیجے کے غم میں شریک ہونے کے بجائے خوشی خوشی دوڑتا ہوا قریش کے سرداروں کے پاس پہنچا اور ان کو خبر دی کہ لو آج محمد (ﷺ) بے نام ونشان ہو گئے. (سیرت سرور عالمؐ)

(یہ عبارات حافظ عبدالشکور کی کتاب ''صحیح اسلامی واقعات'' سے ماخوذ ہیں، صفحہ نمبر 10)

واقعہ نمبر.4

حضور ﷺ کی صاحبزادیوں کوابولہب کے بیٹوں کا طلاق دینا

نبوت سے پہلے نبی اکرم ﷺ کی دوصاحبزادیاں ابولہب کے دو بیٹوں عتبہ اور عتیبہ سے بیاہی ہوئی تھیں.نبوت کے بعد جب حضور اکرم ﷺ نے اسلام کی دعوت دینا شروع کی تو اس شخص نے اپنے دونوں بیٹوں سے کہا، میرے لئے تم سے ملنا حرام ہے اگرتم حضور ﷺ کی بیٹیوں کو طلاق نہ دے دو. چنانچہ دونوں نے طلاق دی اور عتیبہ تو جہالت میں اس قدر آگے بڑھ گیا تھا کہ ایک روز حضور اکرم ﷺ کے سامنے آ کراس نے کہا کہ میں النجم اذی هوی اور ثم دنافتد لی کا انکار کرتا ہوں، اور یہ کہہ کر اس نے حضور ﷺ کی طرف تھوکا جو آپ پرنہیں پڑا.

دشمن رسول ﷺ کی ہلاکت

حضور ﷺ نے فرمایا: خدایا! اس پر اپنے کتوں میں سے ایک کتے کو مسلط کردے.اس کے بعد عتیبہ اپنے باپ کے ساتھ شام کے سفر پر روانہ ہوگیا.دوران سفر میں ایک ایسی جگہ قافلے نے پڑاؤ کیا جہاں مقامی لوگوں نے بتایا کہ راتوں درندے آتے ہیں.ابولہب نے اپنے ساتھی اہل قریش سے کہا کہ میرے بیٹے کی حفاظت کا کچھ انتظام کرو.کیوں مجھے محمد ﷺ کی بددعا کا خوف ہے اس پر قافلے والوں نے عتیبہ کے گرد ہر طرف اونٹ بٹھا دیئے اور خود سو گئے.رات کو شیر آیا اور انٹوں کے حلقے میں سے گزر کر اس نے عتیبہ کو پھاڑا.(اصابہ.بحوالہ سیرت سرورعالمؐ، مکالمات نبوت)

واقعہ نمبر.5

کفار مکہ کا نبی کریم ﷺ کو مصیبت میں ڈالنے کیلئے ایک مذموم قدم

ابن اسحاق کا بیان ہے کہ ایک دفعہ اراش کا ایک شخص کچھ اونٹ لے کر مکہ آیا.ابوجہل نے اس کے اونٹ خرید لیے اور جب اس نے قیمت طلب کی تو ٹال مٹول کرنے لگا.اراشی نے تنگ آ کر ایک روز حرم کعبہ میں قریش کے سرداروں کو جا پکڑا اور مجمع عام میں فریاد شروع کردی.دوسری طرح حرم کے ایک گوشے میں نبی کریم ﷺ تشریف فرما تھے.سرداران قریش نے اس شخص سے کہا: ''ہم کچھ نہیں کرسکتے، دیکھو وہ صاحب جو اس کونے میں بیٹھے ہیں ان سے جا کر کہو، وہ تم کو تمہارا روپیہ دلوادیں گے''.اراشی حضور ﷺ کی طرف چلا اور قریش کے سرداران نے آپس میں کہا: ''آج لطف آئے گا''.اراشی نے جا کرنبی کریم ﷺ سے اپنی شکایت بیان کی.آپ ﷺ اسی وقت اٹھ کھڑے ہوئے اور اسے ساتھ لے کر ابوجہل کے مکان کی طرف روانہ ہوئے. سرداروں نے پیچھے ایک آدمی لگا دیا کہ کچھ گذرے اس کی خبر لا کر دے.حضور ﷺ سیدھے ابوجہل کے دروازے پر پہنچے اور کنڈی کھٹکھٹائی.اس نے پوچھا: ''کون''.آپ ﷺ نے جواب دیا: ''محمد (ﷺ)''.وہ حیران ہوکر باہر نکل آیا.آپ ﷺ نے اس سے کہا: ''اس شخص کا حق ادا کرے''.اس نے کوئی چون وچرانہ کی.سیدھا اندر گیا اور اس کے اونٹوں کی قیمت لا کر اس کے ہاتھ میں دے دی.قریش کا مخبر یہ حال دیکھ کر حرم کی طرف دوڑا اور سرداروں کو سارا ماجرسنایا اور کہنے لگا کہ واللہ! آج وہ عجیب معاملہ دیکھا ہے جو کبھی نہ دیکھا تھا.ابوجہل جب نکلا تو محمد (ﷺ) کو دیکھتے ہی اس کا رنگ افق ہوگیا اور جب محمد (ﷺ) نے اس سے کہا کہ اس کا حق ادا کردے تو یہ معلوم ہوتا تھا کہ جیسے اس کے جسم میں جان نہیں ہے.

(ابن ہشام)

(''صحیح اسلامی واقعات''، صفحہ نمبر 12)

واقعہ نمبر.6

نبی کریم ﷺ کا رعب کفار پر ہمیشہ بھاری

ایک روز رسول اللہ صلی اللہ علیہ وسلم اور حضرت ابوبکر صدیق، حضرت عمر فاروق اور حضرت سعد بن ابی وقاص رضوان اللہ علیہم اجمعین مسجد حرام

میں تشریف فرما تھے کہ بنی زبید کا ایک آدمی آیا اور اس نے کہا، قریش کے لوگوں! تمہارے ہاں کون تجارتی مال لانے کی ہمت کرے گا جب کہ تم باہر سے آنے والوں کو لوٹ لیتے ہو؟ حضور صلی اللہ علیہ وسلم نے پوچھا: ''تم پر کس نے ظلم کیا ہے؟'' اس نے کہا ابوالحکیم (یعنی ابوجہل) ۔اس نے میرے تین بہترین اونٹ خریدنے کی خواہش ظاہر کی اور ان کی قیمت بہت کم لگائی ۔اب اس کے مقابلے میں کوئی شخص ان اونٹوں کو اس کی لگائی ہوئی قیمت سے زیادہ پر خریدنے کے لئے تیار نہیں ہے اور اس قیمت پر فروخت کردوں تو سخت نقصان اٹھاؤں گا ۔حضور صلی اللہ علیہ وسلم نے اس سے تینوں اونٹ خرید لیے ۔ابوجہل دور بیٹھا ہوا خاموشی سے یہ ماجرا دیکھ رہا تھا ۔حضور صلی اللہ علیہ وسلم اس کے پاس تشریف لے گئے اور فرمایا ''خبردار جو تم نے پھر کسی کے ساتھ ایسی حرکت کی جو اس غریب بدو کے ساتھ کی ہے ورنہ میں بری طرح پیش آؤں گا'' ۔مشرکین جو وہاں موجود تھے ابوجہل کو شرم دلانے لگے کہ تم نے محمد (ﷺ) کے سامنے ایسی کمزوری دکھائی کہ شبہ ہوتا ہے شاید تم ان کی پیروی اختیار کرنے والے ہو ۔اس نے کہا: بخدا میں ان کی کبھی پیروی نہ کروں گا ۔مگر میں نے دیکھا کہ ان کے دائیں اور بائیں کچھ نیزہ بردار کھڑے ہیں اور میں ڈرا کہ میں نے محمد (ﷺ) کے حکم کی ذرا بھی سرتابی کی تو وہ مجھ پر ٹوٹ پڑیں گے ۔

(انساب الاشراف)

(''صحیح اسلامی واقعات''، صفحہ نمبر 14-15)

واقعہ نمبر 7۔

اسلام کے پہلے خطیب کے ساتھ کفار مکہ کی بدسلوکی

حضرت ابوبکر صدیق رضی اللہ عنہ کو دیکھئے! ابھی اسلام کا آغاز تھا صرف اڑتیس (38) آدمی مسلمان ہوئے تھے ۔مکہ کی بستی کافروں سے بھری ہوئی تھی ۔حضرت ابوبکر صدیق رضی اللہ عنہ، حضور صلی اللہ علیہ وسلم کی محبت سے سرشار تھے حضور صلی اللہ علیہ وسلم سے التجا کی کہ مجھے اجازت دیجئے کہ میں لوگوں کو اعلانیہ آپؐ کی رسالت کی اطلاع دوں اور آپ سے فیض یاب ہونے کی دعوت دوں ۔آپؐ نے فرمایا: اے ابوبکر! ابھی ذرا صبر سے کام لو ۔ابھی ہم تعداد میں کم ہیں ۔حضرت ابوبکر صدیق رضی اللہ عنہ پر غلبہ حال طاری تھا ۔انھوں نے پھر اصرار کیا حتی کہ حضور صلی اللہ علیہ وسلم نے اجازت دے دی ۔حضرت ابوبکر صدیق رضی اللہ عنہ نے بے خوف وخطر لوگوں کو اللہ اور اس کے رسول صلی اللہ علیہ وسلم کی طرف دعوت دی ۔حافظ ابن کثیر رحمۃ اللہ علیہ لکھتے ہیں:

''حضور صلی اللہ علیہ وسلم کی بعثت کے بعد حضرت ابوبکر صدیق رضی اللہ عنہ پہلے خطیب ہیں جنہوں نے لوگوں کو اللہ اور اس کے رسول صلی اللہ علیہ وسلم کی طرف بلایا۔''

مشرکین مکہ آپؓ پر ٹوٹ پڑے آپؓ کو سخت پیٹا اور روندا ۔عتبہ بن ربیعہ نے آپؓ کے چہرے پر بے تحاشا تھپڑ مارے ۔آپؓ قبیلہ بنو تمیم سے تھے، آپؓ کے قبیلے کے لوگوں کو خبر ہوئی تو وہ دوڑے ہوئے آئے ۔مشرکین سے انہیں چھڑا کر ان کے گھر چھوڑ آئے ۔حضرت ابوبکر صدیق رضی اللہ عنہ بے ہوش تھے اور لوگوں کا خیال تھا کہ وہ جانبر نہ ہوسکیں گے ۔وہ دن بھر بے ہوش رہے ۔جب شام ہوئی تو آپؓ کو ہوش آیا، آپؓ کے والد ابوقحافہ اور آپؓ کے قبیلے کے لوگ آپؓ کے پاس کھڑے تھے، ہوش آتے ہی پہلی بات انہوں نے یہ کہی کہ رسول اللہ صلی اللہ علیہ وسلم کہاں ہیں اور کس حال میں ہیں ۔ان کے قبیلے کے لوگ سخت برہم ہوئے اور انہیں ملامت کی کہ جس کی وجہ سے یہ ذلت ورسوائی تمہیں اٹھانی پڑی اور یہ مار پیٹ تمہیں برداشت کرنی پڑی، ہوش میں آتے ہی تم پھر اسی کا حال پوچھتے ہو ۔ان عقل کے اندھوں کو کیا خبر تھی کہ ان کی خاطر سختیاں جھیلنے میں جو لذت ہے وہ دنیا داروں کو پھولوں کی سیج اور بستر کمخاب پر بھی حاصل نہیں ہوتی ۔

ان کے قبیلے کے لوگ مایوس ہو کر اپنے گھروں کو لوٹ گئے، اور ان کی ماں ام الخیر سے کہہ گئے کہ جب تک محمد (رسول اللہ صلی اللہ علیہ وسلم) کی محبت سے یہ باز نہ آ جائے اس کا بائیکاٹ کرو اور اسے کھانے پینے کو کچھ نہ دو ۔ماں کی ممتا تھی، جی بھر آیا ۔کھانا لا کر سامنے رکھ دیا اور کہا کہ دن بھر کے بھوکے

ہو کچھ کھالو.حضرت ابوبکر صدیق رضی اللہ عنہ نے کہا:

''ماں اللہ کی قسم میں کھانا نہیں چکھوں گا اور پانی کا گھونٹ تک نہیں پیوں گا جب تک حضور صلی اللہ علیہ وسلم کی زیارت نہ کروں''.

حضرت عمر رضی اللہ عنہ کی بہن ام جمیل آ گئیں اور بتایا کہ حضور صلی اللہ علیہ وسلم بخیریت ہیں اور دار ارقم میں تشریف فرما ہیں.حضرت ابوبکر صدیق رضی اللہ عنہ زخموں سے چور تھے، چلنے کے قابل نہ تھے، اپنی ماں کا سہارا لے کر بارگاہ رسالت میں حاضر ہوئے.حضور صلی اللہ علیہ وسلم ان پر جھک پڑے اور انہیں چوما،حضور صلی اللہ علیہ وسلم پر سخت گریہ طاری تھا.

(ابن کثیر، سیرت النبیؐ (شبلی)،قربت کی راہیں)

(''صحیح اسلامی واقعات''،صفحہ نمبر 24-27)

اللہ کی لاکھ لاکھ رحمتیں ہوں اس عظیم وجلیل القدر صحابیؓ پر.اللہ ہمیں ان کی صحیح اتباع نصیب فرمائے.آمین!

واقعہ نمبر.8

اسما رضی اللہ عنہا کے ساتھ ابوجہل کی بدسلوکی

ہجرت کی رات جب آنحضرت صلی اللہ علیہ وسلم حضرت علی رضی اللہ عنہ کو اپنے بستر پر سلا گئے صبح ہوئی تو حضرت علی رضی اللہ عنہ حسب معمول نیند سے بیدار ہوئے قریش نے قریب جا کر انہیں پہچانا، پوچھا محمد (ﷺ) کہاں ہے؟ حضرت علی رضی اللہ عنہ نے جواب دیا مجھے کیا خبر میرا پہرہ تھا تم لوگوں نے انہیں نکل جانے دیا اور وہ نکل گئے.قریش غصہ اور ندامت سے حضرت علی رضی اللہ عنہ پر پل پڑے، ان کو مارا اور خانہ کعبہ تک پکڑ لائے اور تھوڑی دیر تک جلس بیجا میں رکھا.آخر چھوڑ دیا.اب وہ ابوبکر صدیق رضی اللہ عنہ کے گھر آئے دروازہ کھٹکھٹایا.اسما رضی اللہ عنہا بنت ابوبکر رضی اللہ عنہ باہر نکلیں.ابوجہل (لعین) نے پوچھا،لڑکی تیرا باپ کہاں ہے؟ وہ بولیں! بخدا مجھے معلوم نہیں.بدزبان و درشت خو ابوجہل (لعین) نے ایسا طمانچہ مارا کہ اسما رضی اللہ عنہا کے کان کی بالی نیچے گر گئی.

(رحمۃ للعالمین)

(''صحیح اسلامی واقعات''،صفحہ نمبر 27)

واقعہ نمبر.9

نصرانی غلام عداس کے اسلام لانے کا ایمان افروز واقعہ

ابوطالب اور سیدہ خدیجہ رضی اللہ عنہا دونوں کی وفات کے بعد آنحضرت صلی اللہ علیہ وسلم تبلیغ کی غرض سے طائف تشریف لائے.طائف بارونق شہر ہے اور موسم کے لحاظ سے عرب کا شملہ سمجھا جاتا ہے.مکہ معظمہ سے مغرب کی طرف چند میل پر واقع ہے.یہاں آنحضرت صلی اللہ علیہ وسلم کو ایسے لوگوں سے سابقہ پڑا جو ظلم وسرکشی میں مکہ والوں سے بڑھے تھے.طائف کے بڑے بڑے چودھریوں نے شر کے اچکوں کو ہشکا دیا.جنہوں نے آنحضرت صلی اللہ علیہ وسلم پر پتھراؤ کر کے لہولہان کر دیا اور آنحضرت صلی اللہ علیہ وسلم گھبرا کر انگور کی بیلوں کے سائے میں بیٹھ گئے.

قریش مکہ بڑے چودھری ربیعہ کی زمینداری طائف میں تھی.ربیعہ کے دونوں بیٹے شیبہ اور عتبہ یہاں آئے ہوئے تھے.رسول اللہ صلی اللہ علیہ وسلم کو اس حال میں دیکھ کر انہیں ترس آ گیا.اور اپنے عیسائی غلام عداس کے ذریعے پلیٹ میں انگور کے خوشے رکھ دیئے.آنحضرت صلی اللہ علیہ وسلم نے بسم اللہ پڑھ کر تناول فرمانا شروع کر دیا.بسم اللہ پر عداس کے تعجب کی کوئی حد نہ رہی.عرض کیا:اے صاحب! اس بستی کے رہنے والے تو یہ کلمہ نہیں پڑھتے.خدارا مجھے بھی اس کی حقیقت بتائیے.

رسول اللہ صلی اللہ علیہ وسلم: تمہارا وطن کہاں ہے؟ اور مذہب کیا ہے؟

عداس: میرا وطن نینوا ہے اور مذہباً نصرانی ہوں.

رسول اللہ صلی اللہ علیہ وسلم: وہی نینوا جہاں ایک مرد صالح یونسؑ بن متی پیدا ہوئے.

(یونسؑ بن متی بھی اللہ کے رسول تھے)

عداس: یونس بن متی کو آپ نے کیسے جانا؟

رسول اللہ صلی اللہ علیہ وسلم: یونسؑ نبی میرے بھائی تھے. میں بھی نبی ہوں.

رسول اللہ صلی اللہ علیہ وسلم کی زبان سے یہ کلمہ ابھی پوری طرح ادا نہ ہوا تھا کہ عداس نے سر سے پاؤں تک رسول اللہ صلی اللہ علیہ وسلم کے روئیں روئیں کو بوسہ دیا. شیبہ یہ منظر دیکھ رہا تھا. اس سے رہا نہ گیا، غلام واپس لوٹا تو کہا: اے بدنصیب! تو اس شخص سے کس غضب کی عقیدت کا اظہار کر رہا تھا. عداس نے کہا: اس وقت دنیا جہاں میں یہ شخص سب سے بہتر ہے اس نے مجھے ایسی باتیں بتائی ہیں جنہیں دوسرا جان بھی نہیں سکتا.

شیبہ نے کہا: ارے تیرا دین اس کے دین سے بدر جہاں بہتر ہے اس کے دین میں نہ چلے جانا اور ایسا ہی ہوا. عداس رضی اللہ عنہ مسلمان ہو گئے. جب شیبہ اور عتبہ جنگ بدر کے لیے نکلے تو عداسؓ مکہ سے باہر ثنیۃ البیضاء نام کے ٹیلے پر بیٹھے ہوئے تھے. شیبہ اور عتبہ ادھر سے گذرے تو حضرت عداسؓ نے روک کر کہا وہ شخص واقعی رسول ہے آپ کا آگے قدم اٹھانا خود کو مقتل میں لے جانا ہے. مگر شیبہ اور عتبہ کی تقدیر میں اپنے سرغنہ ابوجہل سے ہم بغل ہو کر بدر کے اندھے کنویں کی نجس موت درج تھی اور عداسؓ کے مقدر میں بدر کی شہادت کا عروج! اور ایسا ہی ہوا.

(ابن ہشام)

(''صحیح اسلامی واقعات''، صفحہ نمبر 27-30)

واقعہ نمبر. 10

حضرت خباب رضی اللہ عنہ بن ارت کا ایمان لانا

خباب رضی اللہ عنہ بن ارت کے اسلام قبول کرنے کے زمانہ میں اسلام کا اظہار مکہ میں ایسا شدید جرم تھا جس کی سزا میں مال و دولت، عزت و ناموس ہر چیز سے ہاتھ دھونا پڑتا تھا لیکن حضرت خباب رضی اللہ عنہ نے اس کی مطلق پروانہ کی اور بہانگ دہل اپنے اسلام کا اظہار کیا. یہ غلام تھے ان کا کوئی آدمی مددگار نہ تھا. اس لئے کفار نے ان کو مشق ستم بنالیا اور ان کو بڑی دردناک سزائیں دیتے تھے. ننگی پیٹھ دہکتے ہوئے انگاروں پر لٹا کر سینہ پر ایک بھاری پتھر رکھ کر ایک آدمی اوپر سے مسلتا اور وہ اس وقت تک انگاروں پر کباب ہوتے رہتے. جب تک خود زخموں کی رطوبت آگ کو نہ بجھاتی لیکن اس سختی کے باوجود زبان کلمہ حق سے نہ پھرتی. رحمۃ للعالمینؐ اس کس مپرسی کی حالت میں تالیف قلب فرماتے تھے. لیکن ان کا آقا اتنا سنگ دل تھا کہ وہ ان کے لیے اتنا سہارا بھی نہ برداشت کر سکا اور اس کی سزا میں لوہا آگ میں تپا کر اس سے ان کا سر داغا. انہوں نے آنحضرت صلی اللہ علیہ وسلم سے کہا کہ میرے لیے بارگاہ الٰہی میں دعا فرمایئے کہ وہ مجھ کو اس عذاب سے نجات دے. آپ صلی اللہ علیہ وسلم نے دعا فرمائی کہ اے اللہ خبابؓ کی مدد کر. بارگاہ الٰہی میں دعا قبول ہوئی تو حضرت خباب رضی اللہ عنہ کو اپنے سنگ دل آقا سے نجات ملی. آپؓ نے مدتوں کے بعد حضرت عمر فاروق رضی اللہ عنہ کو اپنی پیٹھ کھول کر دکھائی تو تپائے ہوئے سونے کی طرح سنگ دل قریش کے ظلم وستم کا یہ سکہ آپؓ کی پیٹھ پر چمک رہا تھا. رضی اللہ عنہ.

(سیرت صحابہؓ، جلد 3)

(''صحیح اسلامی واقعات''، صفحہ نمبر 30-31)

واقعہ نمبر. 11

حضرت عبداللہ بن سلام رضی اللہ عنہ کے اسلام لانے کا واقعہ

عبداللہ بن سلام رضی اللہ عنہ یہود کے جلیل القدر عالم اور حضرت یوسف علیہ السلام کی اولاد سے تھے. ان کا اصل نام حصین تھا اور وہ یہود بنی قینقاع سے تعلق رکھتے تھے. ایک دن انہوں نے رسول اللہ صلی اللہ علیہ وسلم کے یہ کلمات سنے: '' افشو السلام و اطعموا لطعام و صلو الارحام و صلو بالیل والناس نیام '' ترجمہ: '' اپنے بیگانے سب کو سلام کیا کرو، بھوکوں محتاجوں کو، کھانا کھلایا کرو اور خونی رشتوں کو جوڑے رکھو، قطع رحمی نہ کرو، اور رات کو نماز پڑھو جب لوگ سو رہے ہو''. یہ ہدایت آموز کلمات سن کر حضرت عبداللہ بن سلامؓ کا دل نور ایمان سے جگمگا اٹھا. انہیں یقین ہوگیا کہ یہ وہی نبی آخر الزمان صلی اللہ علیہ وسلم ہیں جن کی بعثت کی پیشین گوئی صحائف قدیمہ میں درج ہیں. دوسرے دن رسول اکرم صلی اللہ علیہ وسلم کی خدمت میں حاضر ہوئے اور آپؐ سے چند پیچیدہ مسائل دریافت کیے. حضور صلی اللہ علیہ وسلم نے ان کا اطمینان بخش جواب دیا، تو عرض کی: یا رسول اللہؐ! میں شہادت دیتا ہوں کہ آپؐ اللہ کے سچے رسول ہیں. حضور صلی اللہ علیہ وسم نے ان کے قبول اسلام پر مسرت کا اظہار فرمایا اور ان کا اسلامی نام عبداللہؓ رکھا. حضرت عبداللہؓ نے عرض کی. یا رسول اللہ میری قوم بڑی بدطینت ہے. انھوں نے یہ سن لیا کہ حلقہ بگوش اسلام ہوگیا ہوں تو مجھ پر طرح طرح کے بہتان باندھیں گے. اس لیے میرے اسلام کی خبر کے اظہار سے پہلے ان سے دریافت کرلیں کہ ان کی میرے متعلق کیا رائے ہے. حضور صلی اللہ علیہ وسلم نے یہود کے اکابر کو بلا بھیجا. جب وہ آئے تو حضور صلی اللہ علیہ وسلم نے فرمایا: تم توریت میں نبی آخر الزمان کی نشانیاں پڑھتے ہو اور جانتے ہو کہ میں خدا کا رسول ہوں. میں تمہارے سامنے دین حق پیش کرتا ہوں. اسے قبول کر کے فلاح دارین حاصل کرو. یہودیوں نے جواب دیا ہم نہیں جانتے کہ آپ اللہ کے رسول ہیں. سرور عالم نے فرمایا: '' حصین بن سلام تمہاری قوم میں کیسے ہیں؟ ''. سب یہودیوں نے بیک آواز جواب دیا: '' وہ ہمارے سردار اور سردار کے بیٹے ہیں. وہ ہمارے عالم کے بیٹے ہیں وہ ہم میں سب سے اچھے اور سب سے اچھے کے فرزند ہیں ''. حضور صلی اللہ علیہ وسلم نے فرمایا: اگر وہ اسلام قبول کرلیں تو کیا تم بھی مسلمان ہوجاؤ گے. یہودی ناک بھوں چڑھا کر بولے اللہ انہیں آپ کی حلقہ بگوشی سے محفوظ رکھے. ایسا ہونا ناممکن ہے. اب حضور صلی اللہ علیہ وسلم نے حضرت عبداللہؓ بن سلام کو سامنے آنے کا حکم دیا. وہ کلمہ شہادت پڑھتے ہوئے باہر نکلے اور یہودیوں سے مخاطب ہوکر فرمایا: '' اے اعیان قوم! اللہ واحد سے ڈرو اور محمدؐ پر ایمان لاؤ، بلاشبہ وہ اللہ کے سچے رسول ہیں ''.

حضرت عبداللہؓ کا قبول اسلام یہود پر برق خاطف بن کر گرا اور غم وغصہ سے دیوانے ہوگئے. اور چیخ چیخ کر کہنے لگے. یہ شخص (عبداللہؓ بن سلام) ہم میں سب سے برا اور سب سے برے کا بیٹا ہے. ذلیل بن ذلیل اور جاہل بن جاہل ہے. حضرت عبداللہؓ نے رسول اللہ صلی اللہ علیہ وسلم کی خدمت میں عرض کی یا رسول اللہ صلی اللہ علیہ وسلم آپ نے یہود کی اخلاقی پستی دیکھ لی مجھے ان سے اسی افتراء پردازی کا اندیشہ تھا.

(سیرت ابن ہشام، جلد 2)

('' صحیح اسلامی واقعات ''، صفحہ نمبر 31-33)

واقعہ نمبر. 12

حضرت طفیل رضی اللہ عنہ بن عمرو دوسی کے اسلام لانے کا واقعہ

حضرت طفیل بن عمرو دوسی مکہ میں آئے. یہ قبیلہ دوس کے سردار تھے اور نواح یمن میں ان کے خاندان کی رئیسانہ حکومت تھی. طفیلؓ بذات خود شاعر اور دانش مند شخص تھے اہل مکہ نے آبادی سے باہر جاکر ان کا استقبال اور اعلیٰ پیمانے پر خدمت وتواضع کی. طفیلؓ کا اپنا بیان ہے کہ '' مجھے اہل مکہ نے یہ بھی بتایا کہ یہ شخص جو ہم میں سے نکلا ہے اس سے ذرا بچنا. اسے جادو آتا ہے. جادو سے باپ، بیٹے، زن وشوہر، بھائی بھائی میں جدائی ڈال دیتا ہے. ہماری جمعیت کو

پریشان اور ہمارے نام ابتر کر دیئے ہیں. ہم نہیں چاہتے کہ تمہاری قوم پر بھی ایسی ہی کوئی مصیبت پڑے اس لئے ہماری پرزور نصیحت ہے کہ نہ اس کے پاس جانا، نہ اس کی بات سننا اور نہ خود بات چیت کرنا. یہ باتیں انھوں نے ایسی عمدگی سے میرے ذہن نشین کر دیں کہ جب میں کعبہ میں جانا چاہتا تو کانوں کو روئی سے بند کر لیتا تا کہ محمد صلی اللہ علیہ وسلم کی آواز کانوں کی بھنک میں نہ پڑ جائے. ایک روز میں صبح ہی خانہ کعبہ گیا. نبی صلی اللہ علیہ وسلم نماز پڑھ رہے تھے. چونکہ خدا کی مشیت یہ تھی کہ ان کی آواز میری سماعت تک ضرور پہنچے اس لیے میں نے سنا کہ ایک نہایت عجیب کلام وہ پڑھ رہے ہیں. اس وقت میں اپنے آپ کو ملامت کرنے لگا کہ میں خود شاعر ہوں، باعلم ہوں، اچھے برے کی تمیز رکھتا ہوں. پھر کیا وجہ ہے؟ اور کون سی روک ہے؟ کہ میں اس کی بات نہ سنوں. اچھی بات ہوگی تو مانوں گا ورنہ نہیں. میں یہ ارادہ کر کے ٹھہر گیا. جب نبی کریم صلی اللہ علیہ وسلم واپس گھر کو چلے تو میں بھی پیچھے ہو لیا اور جب مکان پر حاضر ہوا تو نبی کریم صلی اللہ علیہ وسلم کو اپنا واقعہ مکہ میں آنے، لوگوں کے بہکانے پنبہ در گوش رہنے اور آج حضور صلی اللہ علیہ وسلم کی زبان سے کچھ سن پانے کا کہہ سنایا اور عرض کیا مجھے اپنی بات سنائیے. نبی کریم صلی اللہ علیہ وسلم نے قرآن پڑھا. واللہ! میں نے ایسا پاکیزہ کلام کبھی نہ سنا تھا. جو اس قدر نیکی اور انصاف کی ہدایت کرتا''. الغرض طفیلؓ اسی وقت مسلمان ہو گیا. رضی اللہ عنہ

(سیرت ابن ہشام جلد 1)

(''صحیح اسلامی واقعات''، صفحہ نمبر 36-37)

واقعہ نمبر. 13

حضرت اسود الراعی رضی اللہ عنہ کے اسلام لانے کا واقعہ

خیبر کا محاصرہ جاری تھا کہ ایک چرواہا از خود رسالت پناہ کی خدمت میں حاضر ہو کر عرض گزار ہوا: ''یا رسول اللہ (صلی اللہ علیہ وسلم) مجھے اسلام کے ضروری مسائل کی تعلیم فرمائیے'' (انبیاء علیہم السلام کی تشریف آوری کا مقصد ہی اسلام کی اشاعت ہے) اس شخص کا نام اسود اور لقب راعی تھا.

تلقین اسلام کے بعد جب اسودؓ نے کلمہ شہادت پڑھا تو ان کے سامنے دو منزلیں تھیں:

(1) اپنی نگرانی کا ریوڑ اس کے مالک کے حوالے کرنا جو قلعہ بند تھا.

(2) مسلمانوں سے مل کر لڑائی میں شرکت.

مگر اب اس ریوڑ کو کیا کریں؟ بکریوں کا مالک قلعہ میں بند بیٹھا تھا. یہ مالک یہودی تھا اور خیبر میں صرف یہودی آباد تھے.

رسول اللہؐ: اسود! بکریاں جہاں سے ہانک لائے ہو اسی سمت ان کا رخ پھیر دو وہ خود بخود اپنے باڑے میں پہنچ جائیں گی.

اسودؓ نے اس پر اتنا اور اضافہ کیا کہ مٹھی میں کنکریاں لیں اور ریوڑ پر پھینکتے ہوئے کہا: ''اب میں تمہاری چوپانی نہیں کر سکتا اپنے مالک کے پاس جاؤ''. دیکھتے ہی دیکھتے بکریاں قلعے کی دیوار کے نیچے پہنچ گئیں.

جہاں ان کا باڑہ تھا. اسودؓ امانت سے سبکدوش ہوتے ہی مسلمانوں کی صفوں میں شامل ہو گئے اور اپنے بھائیوں کے دوش بدوش داد شجاعت دینے لگے. تھوڑی ہی دیر بعد دشمن کا پتھر لگنے سے شہید ہو گئے. یہ دوسرے مسلمان ہیں جنہوں نے ایک نماز بھی ادا نہیں. مگر رسول کریم صلی اللہ علیہ وسلم نے ان کی نجات و قبولیت کا بشدت اعتراف فرمایا. تفصیل اس اجمال کی یہ ہے کہ رسول اللہ صلی اللہ علیہ وسلم کے سامنے اسودؓ کی لاش رکھی گئی تو آپؐ نے شرم و حیا کی حالت میں منہ دوسری طرف کر لیا اور لمحہ کے بعد جب لاش کی طرف متوجہ ہوئے، تو عرض کیا یا حضرتؐ منہ پھیر لینے کا کیا سبب تھا؟ آپ کو اسودؓ کی لاش سے کیوں حیا آئی؟ رسول اللہ صلی اللہ علیہ وسلم: ''اس وقت اسودؓ کی لاش کے ساتھ دو حور عین ان کی منکوحہ بیویوں کے بدل میں موجود تھیں.''

(سیرت ابن ہشام جلد 2)

(''صحیح اسلامی واقعات''،صفحہ نمبر 38-39)

واقعہ نمبر. 14

حضرت ابوذر رضی اللہ عنہ کا ایمان لانا

ابوذرؓ اپنے شہر یثرب ہی میں تھے کہ انہوں نے نبی کریم صلی اللہ علیہ وسلم کے متعلق کچھ اڑتی سی خبر سنی.انہوں نے اپنے بھائی سے کہا،تم جاؤ مکہ میں اس شخص سے مل کر آؤ.انیس برادر ابوذرؓ ایک مشہور فصیح شاعر زبان آور تھا.وہ مکہ میں آیا.نبی کریم صلی اللہ علیہ وسلم سے ملا.پھر بھائی کو جا بتایا کہ میں نے محمد صلی اللہ علیہ وسلم کو ایک ایسا شخص پایا جو نیکیوں کے کرنے اور شر سے بچنے کا حکم دیتا ہے.ابوذرؓ بولے،اتنی سی بات سے تو کچھ تسلی نہیں ہوگی.آخر خود پیدل چل کر مکہ پہنچے.حضرت ابوذرؓ کو حضور صلی اللہ علیہ وسلم کی شناخت نہ تھی اور کسی سے دریافت کرنا بھی وہ پسند نہ کرتے تھے.زمزم کا پانی پی کر کعبہ اللہ ہی میں لیٹ رہے.حضرت علی مرتضیٰ رضی اللہ عنہ آئے.انہوں نے پاس کھڑے ہو کر کہا یہ تو کوئی مسافر معلوم ہوتا ہے.ابوذرؓ بولے''ہاں''.حضرت علیؓ بولے،''اچھا میرے ہاں چلو''.یہ رات کو وہیں رہے.نہ حضرت علیؓ نے کچھ پوچھا،نہ ابوذرؓ نے کچھ کہا.صبح ہوئی ابوذرؓ پھر کعبہ میں گئے.دل میں آنحضرت صلی اللہ علیہ وسلم کی تلاش تھی.مگر کسی سے دریافت نہ کرتے تھے.حضرت علیؓ پھر آ پہنچے.انہوں نے فرمایا شاید تمہیں اپنا ٹھکانہ نہیں ملا.ابوذرؓ بولے''ہاں''.حضرت علیؓ پھر ساتھ لے گئے.اب انہوں نے پوچھا تم کون ہو اور کیوں یہاں آئے ہو؟ ابوذرؓ نے کہا''راز میں رکھو تو میں بتا دیتا ہوں''.حضرت علیؓ نے وعدہ کیا.ابوذرؓ نے کہا،''میں نے سنا ہے کہ اس شہر میں ایک شخص ہے جو اپنے آپ کو نبی بتاتا ہے میں نے اپنے بھائی کو بھیجا تھا وہ یہاں سے کچھ تسلی بخش بات لے کر نہ گیا اس لیے خود آ گیا ہوں''،حضرت علیؓ نے کہا کہ تم خوب آئے اور خوب ہوا کہ مجھ سے ملے.دیکھو میں انہی کی خدمت میں جا رہا ہوں.میرے ساتھ چلو.میں پہلے اندر جا کر دیکھوں گا.اگر اس وقت ملنا مناسب ہوگا تو دیوار کے ساتھ لگ کر کھڑا ہو جاؤں گا.گویا جوتا درست کر رہا ہوں.الغرض ابوذرؓ حضرت علیؓ کے ساتھ خدمت نبوی صلی اللہ علیہ وسلم میں پہنچے اور عرض کیا،''مجھے بتایا جائے کہ اسلام کیا ہے؟''آنحضرت صلی اللہ علیہ وسلم نے اسلام کی بابت بیان فرمایا اور ابوذرؓ اسی وقت مسلمان ہو گئے.نبی کریم صلی اللہ علیہ وسلم نے فرمایا:''ابوذر!تم ابھی اس بات کو چھپائے رکھو اور اپنے وطن میں چلے جاؤ.جب تمہیں ہمارے ظہور کی خبر مل جائے تب آنا''.ابوذرؓ بولے،بخدا!میں تو ان دشمنوں میں اعلان کر کے جاؤں گا.اب ابوذرؓ کعبہ کی طرف آئے.قریش جمع تھے.انہوں نے سب کو باآواز بلند کلمہ شہادت پڑھ کر سنایا.قریش نے کہا کہ اس بے دین کو مارو،لوگوں نے انہیں مارنا شروع کر دیا.اتنے میں حضرت عباسؓ آ گئے انہوں نے جب انہیں جھک کر دیکھا تو کہا کم بختو!یہ قبیلہ غفار کا آدمی ہے جہاں تم تجارت کو جاتے اور کھجوریں لاتے ہو.لوگ ہٹ گئے.اگلے دن انہوں نے پھر سب کو سنا کر کلمہ پڑھا.لوگوں نے پھر مارا اور حضرت عباسؓ نے ان کو چھڑا دیا.کچھ دن مکہ میں قیام کے بعد آنحضرت صلی اللہ علیہ وسلم نے ان کو ان کے گھر واپس ہونے کا حکم کر دیا اور فرمایا میں عنقریب یثرب ہجرت کرنے والا ہوں.اس لیے بہتر یہ ہے کہ تم یہاں سے چلے جاؤ اور اپنی قوم کو جا کر اسلام کی تبلیغ کرو.شاید اللہ ان کو ہدایت دے اور اس کے صلہ میں تمہیں بھی اجر ملے.انہوں نے آپ کا ارشاد پاتے ہی روانگی کی تیاری شروع کی اور وطن کا سفر شروع کرنے سے پہلے اپنے بھائی انیس سے ملے،انہوں نے پوچھا کیا کر کے آئے ہو،جواب دیا کہ میں دائرہ اسلام میں داخل ہو گیا ہوں.یہ سنتے ہی آپؓ کے بھائی نے بھی اسلام قبول کیا.یہاں سے دونوں بھائی تیسرے بھائی انس کے پاس پہنچے.وہ بھی ان کی دعوت اسلام دینے پر مشرف با اسلام ہوئے.اس کے بعد تینوں وطن پہنچے اور دعوت حق میں اپنا وقت صرف کرنے لگے.اللہ تعالیٰ نے ان کو ہدایت دی اور سارا قبیلہ مسلمان ہو گیا.

(رحمۃ للعالمین)

(''صحیح اسلامی واقعات''،صفحہ نمبر 33-36)

واقعہ نمبر. 15

حضرت عبداللہ ذوالبجادینؓ کے ایمان لانے کا واقعہ

ہرانسان موت کے آئینے میں اپنے دل کی آپ بیتی کا مرقع دیکھ لیتا ہے. اگراس نے اپنی زندگی میں حسد، نفاق، ریااور برائی کے ساتھ عہدو موودت استواء رکھا ہو تو موت یہی تحائف اس کے سامنے لاکر رکھ دیتی ہے اگراس نے محبت، خلوص، خدمت اور دیانت کو شمع حیات بنایا ہے تو موت انہیں انوار کا گلدستہ بناتی ہے اوراس کی نذر کر دیتی ہے. حضرت عبداللہ ذوالبجادین رضی اللہ عنہ کا انتقال موت میں زندگی کے انعکاس کی بہترین مثال ہے.

قبول اسلام سے پہلے آپ کا نام عبدالعزیٰ تھا. ابھی شیرخواری کی منزل میں تھے کہ باپ کا انتقال ہوگیا. والدہ نہایت غریب تھی. اس لئے چچا نے پرورش کا بیڑا اٹھایا جب جوانی کی عمر کو پہنچے تو چچا نے اونٹ، بکریاں، غلام، سامان اور گھر بار دے کر ضروریات سے بے نیاز کر دیا. ہجرت نبویؐ کے بعد توحید کی صدائیں عرب کے گوشے گوشے میں گونجنے لگی تھیں اوران کے کان میں برابر پہنچ رہی تھیں. چونکہ لوح فطرت بے میل اور شفاف تھی، اس لئے انہوں نے دل ہی دل میں قبول اسلام کی تیاریاں شروع کر دیں. اسلامی آواز جو عرب کے کسی گوشے میں بلند ہوتی، ان کے لئے ذوق وشوق کا تازیانہ بن جاتی، قبول اسلام کے لئے ہر روز قدم بڑھاتے مگر چچا کے خوف سے پھر پیچھے ہٹا لیتے. انہیں ہر وقت اسی کا انتظار رہتا تھا کہ چچا اسلام کی طرف مائل ہوں تو یہ بھی آستانہ حق پر سر تسلیم خم کریں. اس انتظار میں ہفتے گزرے، مہینے بیتے اور سال ختم ہو گئے یہاں تک کہ مکہ فتح ہوگیا اور دین حق کی فیروزمندیاں رحمت الٰہی کا ابر بہار بن کر کوہ ودشت پر پھول برسانے لگیں. حضرت محمد رسول اللہ صلی اللہ علیہ وسلم تطہیر حرم کے بعد مدینہ منورہ واپس تشریف لائے تھے کہ حضرت عبداللہ ذوالبجادین رضی اللہ عنہ کا پیمانہ صبر بھی لبریز ہوگیا. آپ چچا کی خدمت میں حاضر ہوئے اور کہا محترم چچا میں کئی برس سے آپ کے قبول اسلام کی راہ تک رہا ہوں مگر آپ کا حال وہی ہے جو پہلے تھا. اب میں اپنی عمر پر زیادہ اعتماد نہیں کر سکتا، مجھے اجازت دے دیجئے کہ آستانہ اسلام پر سر رکھ دوں.

حضرت عبداللہ ذوالبجادین رضی اللہ عنہ کو جس بات کا خطرہ تھا وہی پیش آ گئی. ادھر قبول اسلام کا لفظ ان کے منہ سے نکلا، ادھر چچا آپے سے باہر ہوگیا اور کہنے لگا اگر تم اسلام قبول کرو گے تو میں اپنا ہر سامان تم سے واپس لے لوں گا تمہارے جسم سے چادر اتار لوں گا تمہاری کمر سے تہہ بند تک چھین لوں گا تم اپنی دنیا سے بالکل تہی دست کر دیئے جاؤ گے اور ایسے حال میں یہاں سے نکلو گے کہ تمہارے جسم پر کپڑے کا ایک تار بھی باقی نہیں ہوگا.

ناظرین! حضرت عبداللہ ذوالبجادین رضی اللہ عنہ کی حالت کا اندازہ کیجئے. چچا کے الفاظ سے انہیں معلوم ہوا کہ گویا اللہ تعالیٰ نے موجودات عالم کو ایک مینڈھا بنا کر اس کے سامنے رکھ دیا ہے اور پھر حکم دیا ہے کہ یہ ہے تمہاری زندگی اسے حضرت ابراہیم خلیل اللہ علیہ السلام کی طرح ذبح کر دو. حضرت عبداللہ ذوالبجادین رضی اللہ عنہ ایک لمحے کی تاخیر کے بغیر اس ذبح عظیم کے لئے تیار ہو گئے، اور فرمایا اے عم محترم میں مسلمان ضرور ہوں گا. میں حضرت محمد صلی اللہ علیہ وسلم کی ضرور اتباع کروں گا. اب میں شرک وبت پرستی کا ساتھ نہیں دے سکتا. آپ کا زر و مال آپ کے لئے مبارک اور میرا اسلام میرے لئے مبارک تھوڑے دنوں تک موت ان چیزوں کو مجھ سے چھڑا دے گی. پھر یہ کیا برا ہے اگر میں آج خود ہی انہیں چھوڑ دوں. آپ اپنا سب مال واسباب سنبھال لیں میں اس کے لئے دین حق کو قربان نہیں کر سکتا. حضرت عبداللہ ذوالبجادین رضی اللہ عنہ نے یہ کہا اور چچا کے تقاضا کے مطابق اپنا لباس اتار دیا، جوتے اتار دیئے، چادر اتار دی اور اس کے بعد تہہ بند بھی اتار کر ان کے سپرد کر دیا، پھر چچا کے بھرے گھر سے اس طرح نکلے کہ اللہ واحد کے نام پاک کے سوا کوئی بھی اور چیز ساتھ نہ تھی.

میں ہوں وہ گرم رو راہ وفا جو خورشید
سایہ تک بھاگ گیا چھوڑ کے تنہا مجھ کو

اس حال میں آپؓ اپنی ماں کے گھر میں داخل ہوئے. ماں نے انہیں مادرزاد برہنہ دیکھ کر آنکھیں بند کر لیں اور پریشان ہو کر پوچھا: اے میرے بیٹے! تمہارا کیا حال ہے؟ حضرت عبداللہ ذوالبجادین رضی اللہ عنہ نے کہا: ''اے ماں! اب میں مومن وموحد ہو گیا ہوں.'' اللہ! اللہ! مومن اور موحد ہو گیا

ہوں، کے الفاظ ان کے حال کے کس قدر مطابق تھے.

انہوں نے اپنی مادی دولت و دنیا اپنے ہاتھوں بھسم کی تھی. انہوں نے اسلام کے لئے اپنی زندگی کے تمام رشتوں کو کاٹ کاٹ کر پھینک دیا تھا. ان کے پاس نہ اونٹ تھے، نہ گھوڑے تھے، نہ بھیڑیں تھیں اور نہ بکریاں، نہ سامان تھا، نہ مکان، نہ غذا، نہ پانی، نہ برتن، جسم پر کپڑے کا ایک تار نہ تھا. مادرزاد برہنہ اور سمجھ رہے تھے، کہ اب میں مومن اور موحد ہو گیا ہوں. ماں نے پوچھا: تو اب کیا ارادہ ہے؟ کہنے لگے: ''اب میں حضرت محمد صلی اللہ علیہ وسلم کی خدمت میں جاؤں گا. صرف یہ چاہتا ہوں کہ مجھے ستر پوشی کے بقدر کپڑا دیا جائے'' ماں نے ایک کمبل دیا. آپؓ نے وہیں اس کمبل کے دو ٹکڑے کیے. ایک ٹکڑا تہہ بند کے طور پر باندھا اور دوسرا چادر کے طور پر اوڑھا اور یہ مومن اور موحد اس حال میں مدینہ منورہ کی طرف روانہ ہو گیا. رات کی تاریکی اپنی قوت ختم کر چکی تھی. کائنات سورج کا استقبال کرنے کے لئے بیدار ہو رہی تھی، پرندے اللہ کی حمد میں مصروف تھے. روشنی بھیگی ہوئی باد سحر مسجد نبویؐ میں اٹکھیلیاں کر رہی تھی. گرد سے اٹا ہوا حضرت عبداللہ ذوالبجادین رضی اللہ عنہ تاروں کی چھاؤں میں مسجد نبویؐ میں داخل ہوا. ایک دیوار کے ساتھ ٹیک لگا کر آفتاب ہدایت کے طلوع کا انتظار کرنے لگا. تھوڑی دیر میں صحن مسجد کے ذرات نے خوش آمدید کا ترانہ چھیڑا. معلوم ہوا کہ حضرت محمد صلی اللہ علیہ وسلم تشریف لائے ہیں. حضرت محمد رسول اللہ صلی اللہ علیہ وسلم نے مسجد میں قدم (مبارک) رکھا تھا حضرت عبداللہ ذوالبجادین رضی اللہ عنہ سامنے تھا.

رسول اللہ صلی اللہ علیہ وسلم: آپ کون ہیں؟

حضرت عبداللہ ذوالبجادینؓ: ایک فقیر او ر مسافر، عاشق جمال اور طالب دیدار میرا نام عبدالعزیٰ ہے.

رسول اللہ صلی اللہ علیہ وسلم: (حالات سننے کے بعد) یہیں ہمارے قریب ٹھہرو اور مسجد میں رہا کرو. رسول اللہ صلی اللہ وسلم نے عبدالعزیٰ کی بجائے عبداللہ نام رکھا اور اصحاب صفہ میں شامل کر دیا. یہاں اللہ کا یہ موحد بندہ اپنے دوسرے ساتھیوں کے ساتھ قرآن پاک سیکھتا تھا اور آیات ربانی کو دن بھر بڑے ہی ولولے اور جوش سے پڑھتا رہتا تھا.

حضرت عمر فاروق اعظم رضی اللہ عنہ: اے دوست! اس قدر اونچی آواز سے نہ پڑھو کہ دوسروں کی نماز میں خلل ہو.

رسول اللہ صلی اللہ علیہ وسلم: اے فاروقؓ! انہیں چھوڑ دو یہ تو اللہ اور رسولؐ کے لئے سب کچھ چھوڑ چکا ہے.

رجب 9ھ کو اطلاع ملی کہ عرب کے تمام عیسائی قبائل قیصر روم کے جھنڈے تلے جمع ہو گئے ہیں اور وہ رومی فوجوں کے ساتھ مل کر مسلمانوں پر حملہ آور ہو رہے ہیں. آپؐ نے اعلان جہاد فرمایا. حضرت عبداللہ ذوالبجادین رضی اللہ عنہ ولولہ جہاد سے لبریز تھا اور شوق شہادت سے سرشار تھا. اسی دھن میں یہ رسول اللہ صلی اللہ علیہ وسلم کی خدمت اقدس میں آیا اور کہنے لگا:

''یارسول اللہ! آپ دعا فرمائیں کہ میں اللہ کی راہ میں شہید ہو جاؤں.''

رسول اللہ صلی اللہ علیہ وسلم نے فرمایا: ''تم کسی درخت کا چھلکا توڑ لاؤ.'' حضرت عبداللہ ذوالبجادین رضی اللہ عنہ درخت کا چھلکا لے کر خوشی خوشی حاضر خدمت ہوا. رسول اللہ صلی اللہ علیہ وسلم نے چھلکا لیا اور اسے حضرت عبداللہ ذوالبجادین رضی اللہ عنہ کے بازو پر باندھ دیا اور زبان مبارک سے فرمایا:

''خداوند! میں کفار پر عبداللہ کا خون حرام کرتا ہوں.''

حضرت عبداللہ ذوالبجادین رضی اللہ عنہ ارشاد نبویؐ پر کچھ حیران سا رہ گیا اور کہنے لگا: ''یارسول اللہ میں تو شہادت کا آرزومند تھا.'' فرمایا: ''جب تم اللہ کی راہ میں نکل پڑے پھر اگر بخار سے بھی مر جاؤ تو تم شہید ہو.''

اسلامی فوج تبوک پہنچی تھی کہ حضرت عبداللہ ذوالبجادین رضی اللہ عنہ کو سچ مچ بخار آ گیا. یہی بخار ان کے لئے پیغام شہادت تھا. رسول اللہ صلی اللہ علیہ وسلم کو ان کے انتقال کی خبر پہنچائی گئی. تو آپ صحابہ کرام رضوان اللہ اجمعین کے ساتھ تشریف لائے. ابن حارث فرنی سے روایت ہے کہ رات کا وقت تھا.

حضرت بلال رضی اللہ عنہ کے ہاتھ میں چراغ تھا.حضرت ابوبکر صدیق رضی اللہ عنہ اور حضرت عمر فاروق رضی اللہ عنہ اپنے ہاتھوں سے میت کو لحد میں اتار رہے تھے.خود رسول اللہ صلی اللہ علیہ وسلم قبر کے اندر کھڑے تھے اور حضرت عمرؓ سے فرما رہے تھے.:

''اپنے بھائی کو ادب سے لحد میں اتارو''

جب میت لحد میں رکھ دی گئی تو رسول اللہ صلی اللہ علیہ وسلم نے فرمایا:''اینٹیں میں خود رکھوں گا'' چنانچہ رسول اللہ صلی اللہ علیہ وسلم نے اپنے دست مبارک سے قبر میں اینٹیں لگائیں اور جب تدفین مکمل ہو چکی تو دعا کے لئے ہاتھ اٹھائے اور فرمایا:

''الٰہی میں آج شام تک مرنے والے سے خوش رہا ہوں تو بھی اس سے راضی ہو جا.''

حضرت عبداللہ بن مسعود رضی اللہ عنہ نے جب یہ نظارہ دیکھا تو فرمایا:''اے کاش!اس قبر میں آج میں دفن کیا جاتا.''

(انسانیت موت کے دروازے پر)

(''صحیح اسلامی واقعات''،صفحہ نمبر 39-46)

واقعہ نمبر.16

حضرت امیر حمزہ رضی اللہ عنہ کا اسلام لانا

نبوت ک چھٹے برس کا ذکر ہے کہ ایک روز ہمارے نبی صلی اللہ علیہ وسلم کوہ صفا پر بیٹھے ہوئے تھے.ابوجہل (لعین) وہاں پہنچ گیا اس نے نبی کریم صلی اللہ علیہ وسلم کو پہلے گالیاں دیں اور جب نبی صلی اللہ علیہ وسلم گالیاں سن کر چپ رہے تو اس نے ایک پتھر حضور صلی اللہ علیہ وسلم کے سر پر دے مارا جس سے خون بہنے لگا.نبی صلی اللہ علیہ وسلم کے چچا حمزہؓ کو خبر ہوئی وہ ابھی مسلمان نہ ہوئے تھے.قرابت کے جوش میں ابوجہل کے پاس پہنچے اور اس کے سر پر اس زور سے کمان ماری کہ وہ زخمی ہو گیا.حمزہؓ پھر نبی صلی اللہ علیہ وسلم کے پاس گئے اور کہا بھتیجے تم یہ سن کر خوش ہو گے کہ میں نے ابوجہل سے تمہارا بدلہ لے لیا.نبی کریم صلی اللہ علیہ وسلم نے فرمایا: چچا جان میں ایسی باتوں سے خوش نہیں ہوا کرتا. ہاں اگر آپ مسلمان ہو جائیں تو مجھے بڑی خوشی ہو گی.حضرت حمزہؓ اسی وقت مسلمان ہو گئے.(اللہ ان سے راضی ہو)

شہادت

غزوہ احد میں آپ نے بڑے بڑے دشمنوں کو خاک و خون میں سلا دیا.وحشی غلام نے ایک پتھر کے پیچھے چھپ کر بزدلانہ حملہ آپؓ پر کیا.زخم ناف کے قریب لگا.جس سے آپ شہید ہو گئے.دشمنوں نے آپ کا جگر نکالا، کان کاٹے، چہرہ بگاڑا، پیٹ چاک کر ڈالا.نبی صلی اللہ علیہ وسلم نے یہ حال دیکھا تو سخت غمگین ہوئے اور سید الشہداء اور اسد اللہ و رسولہ (اللہ اور اس کے رسول کا شیر) کا خطاب عطا فرمایا.

(سیرت الرسولؐ)

(''صحیح اسلامی واقعات''،صفحہ نمبر 57-58)

واقعہ نمبر.17

عمیر بن وہیب قریشی کے اسلام لانے کا واقعہ

عمیر بن وہیب مکہ میں رسالت مآب صلی اللہ علیہ وسلم کے قتل کے ارادے سے آئے.ہوا یہ کہ بدر میں ان کا بیٹا اسیر ہو گیا.جس کی وجہ سے ان کا دل ڈوب کر رہ گیا.بدر ہی میں صفوان کے والد امیہ بن خلف مارے گئے ان کے دل سے اپنے باپ کا سایہ سر سے اٹھ جانے کا ملال نہ مٹ سکا.ایک روز شہر سے باہر مقام حجر میں صفوان اور عمیر دونوں کی ملاقات ہو گئی اور دونوں نے اپنے زخم ایک دوسرے کے سامنے کھول دیئے.

صفوان: کیا کیا جائے بدر کے نتیجے نے ہمارے دل میں ناسور ڈال دیا ہے؟

عمیر بن وہیب: برادرعزیز! اس لڑائی کے انجام سے دنیا نظروں سے تاریک ہوگئی ہے. میں اگر زیربار نہ ہوتا اور اپنے بعد بچوں کی گذر بسر کا سہارا بھی نہ ہوتا تو مدینے جا کر محمد (صلی اللہ علیہ وسلم) کو (نعوذ باللہ) دن دہاڑے قتل کر دیتا. میں آپ کے قرض اور آپ کے دونوں بچوں کی کفالت کا ذمہ دار ہوں عمیر، اور میرے لئے مدینے جانے کا یہ بہانہ کافی ہے کہ میں یہاں اپنے فرزند کی وجہ سے آیا ہوں جو مسلمانوں کے پاس اسیر ہے. (صفوان اور عمیر دونوں آپس میں چچازاد بھائی تھے.) صفوان نے سواری اور زادراہ کا انتظام کر دیا. عمیر نے تلوار کو آب دی پھر زہر میں بجھایا اور بدر کا انتقام لینے کے لئے مدینہ روانہ ہوگئے. یہاں پہنچ کر مسجد نبویؐ کے سامنے سواری سے اترے. ان کے دل میں کسی قسم کا ڈر نہ تھا صرف اپنے لخت جگر کی اسیری کا خیال انتقام کے لئے ابھار رہا تھا. زہر میں بجھی ہوئی تلوار گلے میں حمائل تھی. حضرت عمر رضی اللہ عنہ کی نگاہ پڑ گئی. دیکھا تو عمیر کے چہرے سے شرارت ٹپک رہی ہے. رسول للہ صلی اللہ علیہ وسلم کی خدمت میں حاضر ہوئے اور عرض کیا:

یارسول اللہ! عمیر حاضری کی اجازت پر مصر ہے مگر شرارت اس کے بشرے سے ٹپک رہی ہے.

رسول للہ صلی اللہ علیہ وسلم: اسے مت روکو.

عمر رضی اللہ عنہ نے مسلمانوں سے نگرانی کا اشارہ کرتے ہوئے آنے والے کا راستہ صاف کر دیا. رسول اللہ صلی اللہ علیہ وسلم نے عمیر کو نگرانی میں آتے دیکھا تو اپنے یاران وفا کیش کو حلقہ توڑنے کا حکم صادر فرما کر منتشر کر دیا. عمیر پیش ہوئے تو رسول اللہ صلی اللہ علیہ وسلم سے حسب ذیل مکالمہ ہوا.

عمیر: صبح کا سلام پیش کرتا ہوں. (یہ سلام جاہلیت کا تحفہ تھا.)

رسول اللہؐ: اللہ نے مجھے آپ کے اس تحفہ سے بے نیاز فرما کر اہل جنت کے ہدیہ سے سرفراز فرمایا ہے. جس کا اظہار السلام علیکم سے ہوتا ہے.

عمیر: اس تحفے سے تو آپ حال میں فیضیاب ہوئے ہیں. اب تک ہمارے ہی مروجہ طریقے سلام پر عمل پیرا تھے.

رسول اللہؐ: اس سفر سے آپ کا کیا مقصد ہے؟

عمیر: ہمارے جو عزیز آپ کے ہاں اسیر ہیں ان کی خیر وخبر کے لئے حاضر ہو گیا ہوں اور آپ سے بھی تو ہماری قرابت داری ہے.

رسول اللہؐ: گلے میں تلوار کیوں حمائل کر رکھی ہے؟

عمیر: اللہ انہیں غارت کرے. انہی تلواروں نے ہمیں بدر میں آپ کے ہاتھوں ذلیل کر دیا ہے. اے صاحب کیا بتاؤں جس وقت سواری سے اتر رہا تھا اسے ہاتھ میں لینا بھول گیا.

رسول اللہؐ: عمیر! سچ کہو یہاں کس ارادے سے آئے ہو؟ مکہ میں حجر میں بیٹھ کر تیرے اور صفوان کے درمیان کیا طے ہوا تھا؟

عمیر سہم گئے، گھبرا کر عرض کیا: ''صفوان سے کیا طے ہوا تھا جو آپ ایسا فرما رہے ہیں؟ آپ ہی فرمائیے.''

رسول اللہؐ: صفوان سے تو یہی طے ہوا تھا کہ تم مجھے قتل کردو وہ تمہارا قرض بھی ادا کرے اور تازیست تمہارے اہل وعیال کی کفالت بھی کرے. اے عمیر! تم کب چوکنے والے تھے وہ تو ذات باری تعالیٰ ہے جس نے میرا بال بیکا نہ ہونے دیا.

عمیر: ''اے محمدؐ! میں شہادت دیتا ہوں، آپ کے رسول اللہ ہونے کی اور اللہ کے معبود برحق ہونے کی.''

یارسول اللہ صلی اللہ علیہ وسلم ہماری کم عقلی تھی کہ ہم آپ پر نازل شدہ وحی کا انکار کرتے رہے. یہ راز میرے اور صفوان کے درمیان تھا. اگر آپ پر

وحی صادق کا نزول نہ ہوتا تو آپ کیسے معلوم کر سکتے .اللہ کا شکر ہے کہ مجھے سیدھی راہ میسر آ گئی حالانکہ نکلا میں برے ارادے سے تھا! رسول اللہ صلی اللہ علیہ وسلم کے تمام حاشیہ نشین اس گفتگو سے بے حد متاثر ہوئے .(فزادھم اللہ ایمان).

رسول اللہ صلی اللہ علیہ وسلم نے عمیر رضی اللہ عنہ سے فرمایا آپ ابھی یہاں قیام کریں .اصحاب رضوان اللہ اجمعین کو حکم دیا کہ ان کا قیدی رہا کر دیا جائے اور عمیرؓ کو تھوڑی بہت قرآن کی تعلیم بھی دی جائے .

عمیرؓ بن الاسود واپسی پر مصر ہوئے کہ یا رسول اللہ صلی اللہ علیہ وسلم کے میں تبلیغ کی اجازت مرحمت فرمائی جائے .آپؐ نے بخوشی اجازت بخش دی .

سبحان اللہ! قتل کرنے کے ارادے سے آنے والا مبلغ اسلام بن کر لوٹا.

(مکالمات نبوتؐ)

(''صحیح اسلامی واقعات''، صفحہ نمبر 53-57)

قارئین!! اگر حضرت عمیر رضی اللہ عنہ اپنی جاہلیت پر ڈٹا رہتا اور اپنے اس برے ارادے سے باز نہ رہتا تو پھر خود بھی کفر میں مرجاتا اور اپنے بیٹے کو بھی نہ چھڑا تا لیکن یہ اسلام ہی کی برکت تھی کہ جان بھی محفوظ ، بیٹا بھی قید سے آزاد اور ایمان بھی نصیب ہوا.

واقعہ نمبر .18

ہندہ کا رحمۃ للعالمین سے معافی مانگنے کا واقعہ

ابن جریر کی روایت ہے فتح مکہ کے موقع پر عورتیں رسول اللہ صلی اللہ علیہ وسلم کے پاس بیعت کرنے کے لئے حاضر ہوئیں تو آپؐ نے حضرت عمر بن خطاب رضی اللہ عنہ کو حکم دیا کہ وہ عورتوں سے کہیں کہ رسول اللہ صلی اللہ علیہ وسلم تم سے اس بات پر بیعت لیتے ہیں کہ تم اللہ تعالی کے ساتھ کسی کو شریک نہ کرو .ان بیعت کے لئے آنے والوں میں حضرت ہندہؓ بھی تھیں جو عتبہ بن ربیعہ کی بیٹی اور حضرت ابوسفیانؓ کی بیوی تھیں ، یہی تھیں جنہوں نے اپنے کفر کے زمانے میں حضور صلی اللہ علیہ وسلم کے چچا حضرت حمزہ رضی اللہ عنہ کا پیٹ چیر دیا تھا .اس وجہ سے یہ ان عورتوں میں ایسی حالت میں آئی تھیں کہ انھیں کوئی پہچان نہ سکے .اس نے جب فرمان سنا تو کہنے لگی میں کچھ کہنا چاہتی ہوں .لیکن اگر بولوں گی تو حضور صلی اللہ علیہ وسلم مجھے پہچان لیں گے اور اگر پہچان لیں گے تو میرے قتل کا حکم دے دیں گے .میں اسی وجہ سے اس طرح آئی ہوں کہ پہچانی نہ جاؤں مگر وہ عورتیں سب خاموش رہیں اور ہندہ کی بات اپنی زبان سے کہنے سے انکار کر دیا. آخر ان ہی کو کہنا پڑا کہ یہ ٹھیک ہے .جب شرک سے ممانعت مردوں کو ہے تو عورتوں کو کیوں نہ ہوگی؟ حضور صلی اللہ علیہ وسلم نے ان کی طرف دیکھا لیکن آپؐ نے کچھ نہ فرمایا پھر حضرت عمرؓ سے کہا ان سے کہہ دو کہ دوسری بات یہ ہے کہ چوری نہ کریں .اس پر ہندہؓ نے کہا میں ابوسفیانؓ کی معمولی سی چیز کبھی کبھی لے کر لیا کرتی ہوں کیا خبر یہ بھی چوری میں داخل ہے یا نہیں؟ اور میرے لئے یہ حلال بھی ہے یا نہیں؟ حضرت ابوسفیانؓ بھی اسی مجلس میں موجود تھے .یہ سنتے ہی کہنے لگے میرے گھر میں سے جو کچھ بھی تو نے لیا ہو خواہ وہ خرچ میں آ گیا ہو یا اب بھی باقی ہو وہ سب میں تیرے لئے حلال کرتا ہوں .اب تو نبی کریم صلی اللہ علیہ وسلم نے صاف پہچان لیا کہ یہ میرے چچا حضرت حمزہ رضی اللہ عنہ کی قاتلہ اور ان کے کلیجے کو چیرنے والی اور پھر اسے چبانے والی عورت ہندہ ہے. آپ صلی اللہ علیہ وسلم نے انہیں پہچان کر اور ان کی یہ گفتگو سن کر اور یہ حالت دیکھ کر مسکرا دیئے اور انہیں اپنے پاس بلا لیا .انہوں نے آ کر حضور صلی اللہ علیہ وسلم کا تھام کر معافی مانگی تو آپ صلی اللہ علیہ وسلم نے فرمایا تم وہی ہندہ ہو؟ ہندہ جی ہاں .فرمایا جاؤ آج میں نے تجھے معاف کیا.

(ابن کثیر، جلد 5)

(''صحیح اسلامی واقعات''، صفحہ نمبر 58-60)

واقعہ نمبر.19

ابوھریرۃ رضی اللہ عنہ کی ماں کے اسلام لانے کا واقعہ

سیدنا ابوھریرۃ رضی اللہ عنہ خود دولت اسلام سے بہرہ ور ہوگئے تو ان کو فکر ہوئی اپنی بوڑھی ماں کو بھی اس سعادت میں شریک کروں .مگر وہ برابر انکار کرتی رہیں .ایک دن حسب معمول ان کو اسلام کی دعوت دی تو انہوں نے شان نبوتؐ میں کچھ ناروا الفاظ استعمال کیے .ابوھریرۃ رضی اللہ عنہ روتے ہوئے آنحضرت صلی اللہ علیہ کی خدمت میں حاضر ہوئے اور یہ واقعہ بیان کر کے ماں کے اسلام لانے کے لئے طالب دعا ہوئے .رحمت عالمؐ نے دعا فرمائی یا اللہ ابوھریرۃ رضی اللہ عنہ کی ماں کو اسلام کی ہدایت دے، واپس ہوئے تو دعا قبول ہو چکی تھی .والدہ اسلام قبول کرنے کے لئے نہا دھو کر تیار ہو رہی تھیں جیسے ہی ابوھریرۃ رضی اللہ عنہ، گھر پہنچے ماں نے پڑھا'' اشھد ان لا الہ الا اللّٰہ و اشھد ان محمدا عبدہ رسولہ '' آپؓ اپنی والدہ سے یہ الفاظ سنتے ہی فوراً الٹے پاؤں فرط مسرت سے روتے ہوئے کاشانہ نبویؐ پر حاضر ہوئے .عرض کیا: یا رسول اللہ بشارت ہو .آپ کی دعا قبول ہوئی، اللہ نے میری ماں کو اسلام کی ہدایت بخش دی.

(سیرت صحابہؓ، جلد 2)

(''صحیح اسلامی واقعات''، صفحہ نمبر 60-61)

واقعہ نمبر.20

حضرت خبیب رضی اللہ عنہ بن عدی کے ایمان کا امتحان

دشمن جب محلّہ چھوڑ دے یا شہر سے نکل جائے تو سکون مل جاتا ہے .لیکن مسلمانوں نے جب چھوڑا اور تمام جائدادیں کفار کے حوالے کر کے مکہ سے تین سو میل دور مدینہ میں جا آباد ہوئے تو کفار پہلے سے زیادہ بے قرار ہو گئے .اصل واقعہ یہ ہے کہ ہجرت مدینہ سے انہیں یقین ہو گیا تھا کہ مسلمان الگ رہ کر تیاری کریں گے .اہل عرب رسول اللہ صلی اللہ علیہ وسلم کی دعوت کو قبول کر لیں گے اور جب یہ خطرہ دریا بن گیا تو ہماری سرداری کا جاہ و جلال، اسلام کے سیلاب حق کے سامنے خس و خاشاک کی طرح بہہ جائے گا .مدینہ پہنچ کر مسلمانوں کو پہل کرنے کی ضرورت پیش نہیں آئی .قریش مکہ نے اپنی دماغی پریشانیوں کے ماتحت خود ہی ''آ بیل مجھے مار'' کی روش اختیار کر لی تھی .جب بدر اور احد کے میدانوں میں ان کے تیغ آزماؤں کا زعم باطل بھی ختم ہو گیا تو وہ سازش کے جال بھی بچھانے لگے .انہوں نے عضل اور قارہ کے سات آدمیوں کو رسول اللہ صلی اللہ علیہ وسلم کے پاس بھیجا اور کہلوایا، اگر آپ ہمیں چند مبلغ عنایت فرما دیں تو ہمارے تمام قبیلے مسلمان ہو جائیں گے .حضور صلی اللہ علیہ وسلم نے عاصم بن ثابتؓ کی ماتحتی میں کل دس بزرگ صحابہؓ کا وفد ان کے ساتھ بھیج دیا.

ایک گھاٹی میں میں کفار کے دو سو مسلح جوان مسلمانوں کے تبلیغی وفد کا انتظار کر رہے تھے .جب مبلغین اسلام یہاں پہنچے تو بے نیام تلواروں نے بجلی بن کر ان کا استقبال کیا .مسلمان اگرچہ اشاعت قرآن کے لئے گھروں سے نکلے تھے مگر تلوار سے خالی نہ تھے .احساس خطرہ کے ساتھ ہی دو سو کے مقابلے میں دس تلواریں نیاموں سے باہر نکل آئیں اور مقابلہ شروع ہو گیا .آٹھ صحابیؓ مردانہ وار مقابلہ کرتے ہوئے شہید ہوئے اور خبیبؓ بن عدی اور زیدؓ بن دسنہ دو شیروں کو کفار نے محاصرہ کر کے گرفتار کر لیا .سفیان ہزلی انہیں مکہ لے گیا اور یہ دونوں صالح مسلمان نقد قیمت پر مکہ کے درندوں کے ہاتھ فروخت کر دیئے گئے .حضرت خبیبؓ بن عدی اور حضرت زیدؓ کو حارث بن عامر کے گھر ٹھہرایا گیا اور پہلا حکم یہ دیا گیا کہ انہیں روٹی دی جائے اور نہ پانی، حارث بن عامر نے حکم کی تعمیل کی اور کھانا بند کر دیا گیا .ایک دن حارث کا نو عمر بچہ چھری سے کھیلتا ہوا حضرت خبیبؓ کے پاس پہنچ گیا .اس مرد صالح نے جو کئی روز سے بھوکا اور پیاسا تھا، حارث کے بچے کو گود میں بٹھا لیا اور چھری اس کے ہاتھ سے لے کر زمین پر رکھ دی .جب ماں نے پلٹ کر دیکھا تو حضرت خبیبؓ چھری اور بچہ

لئے بیٹھے تھے.عورت چونکہ مسلمانوں کے کردار سے ناواقف تھی. یہ حال دیکھ کرلڑ کھڑا گئی اور بے تابانہ چیخنے لگی.

حضرت خبیبؓ نے عورت کی تکلیف محسوس کی تو فرمایا: ''بی بی! تم مطمئن رہو، میں بچے کو ذبح نہیں کروں گا.مسلمان ظلم نہیں کیا کرتے''.ان کے الفاظ کے ساتھ ہی حضرت خبیبؓ نے گود کھول دی.معصوم بچہ اٹھا اور دوڑ کر ماں سے لپٹ گیا.قریش نے چند روز انتظار کیا جب فاقہ کشی کے احکام اپنے مقصد میں کامیاب نہ ہوسکے تو قتل کی تاریخ کا اعلان کر دیا گیا. کھلے میدان میں ایک ستون نصب تھا اور یہ اپنی بے بسی پر رہ رہا تھا.اس کے چاروں طرف بے شمار آدمی ہتھیار سنبھالے کھڑے تھے،بعض تلواریں چمکا رہے تھے،بعض نیزے تان رہے تھے بعض کمان میں تیر جوڑ کر نشانہ ٹھیک کر رہے تھے کہ آواز آئی خبیبؓ آ رہا ہے.مجمع میں ایک شورمحشر بپا ہو گیا.لوگ ادھر ادھر دوڑنے لگے بعض لوگوں نے مستعدی سے ہتھیار سنبھالے اور حملہ کرنے اور خون بہانے کیلئے تیار ہو گئے.مرد صالح خبیبؓ قدم بہ قدم تشریف لائے اور انہیں صلیب کے نیچے کھڑا کر دیا گیا.ایک شخص نے انہیں مخاطب کیا اور کہا: ''خبیبؓ ہم تمہاری مصیبت سے دردمند ہیں.اگر اب بھی اسلام چھوڑ دو تو تمہاری جان بخشی ہو سکتی ہے.''

حضرت خبیبؓ خطاب کرنے والے کی طرف متوجہ ہوئے اور فرمایا، جب اسلام ہی باقی نہ رہا تو جان بچانا بے کار ہے.اس جواب کی ثابت قدمی بجلی کی طرح پرشور بھیڑ پر گری.مجمع ساکت ہو گیا اور لوگ دم بخود رہ گئے.خبیبؓ کوئی آخری آرزو ہے تو بیان کرو ایک شخص نے کہا،کوئی آرزو نہیں، دو رکعت نماز ادا کرلوں گا.حضرت خبیبؓ نے فرمایا.بہت اچھا فارغ ہو جاؤ،ہجوم سے آواز آئی.

پھانسی گڑی ہوئی ہے.حضرت خبیبؓ اس کے نیچے کھڑے ہیں تاکہ اللہ کی بندگی کا حق ادا کریں.خلوص و نیاز کا اصرار ہے کہ زبان شاکر جو حمد حق میں کھل چکی ہے،اب کبھی بند نہ ہو.دست نیاز جو بارگاہ کبریا میں بندھ چکے ہیں،اب کبھی بند نہ ہو.دست نیاز جو بارگاہ کبریا میں بندھ چکے ہیں،اب کبھی نہ کھلیں،رکوع میں جھکی ہوئی کمر کبھی سیدھی نہ ہو،سجدہ میں گرا ہوا سر کبھی خاک نیاز سے نہ اٹھے.جر بن مو سے اس قدر آنسو بہیں کہ عبادت گزار کا جسم نو خون سے خالی ہو جائے مگر اس کے عشق و محبت کا چمن اس انوکھی آبیاری سے رشک فردوس بن جائے.

حضرت خبیبؓ کا دل محبت نواز،عشق و نیاز کی لذتوں میں ڈوب چکا تھا کہ عقل مصلحت کیش نے انہیں روکا اور ایک ایسی آواز میں جسے صرف شہیدوں کی روح ہی سن سکتی ہے.انہیں روح اسلام کی طرف سے یہ پیغام دیا کہ اگر نماز زیادہ لمبی کرو گے تو کافر یہ سمجھے کہ مسلمان موت سے ڈر گیا ہے.اس پیغام حق کے ساتھ ہی حضرت خبیبؓ نے دائیں طرف گردن موڑ دی اور کہا: السلام علیکم ورحمۃ اللہ،کفار نہیں بولے مگر ان کی کھینچی ہوئی تلواروں نے جواب دیا وعلیکم السلام ورحمۃ اللہ.اب آپ نے بائیں طرف گردن موڑ دی اور کہا: السلام علیکم ورحمۃ اللہ،کفار اب بھی خاموش رہے مگر نیزوں کی انیاں اور تیروں کی زبانیں رو رو کر پکاریں:

''اے مجاہد اسلام! وعلیکم السلام ورحمۃ اللہ!''

مرد مجاہد خبیب رضی اللہ عنہ سلام پھیر کر صلیب کے نیچے کھڑے ہو گئے.کفار نے انہیں پھانسی کے ستون کے ساتھ جکڑ دیا اور پھر نیزوں اور تیروں کو دعوت دی کہ وہ آگے بڑھیں اور ان کے صدق و مظلومیت کا امتحان لیں.ایک شخص آگے آیا اور اس نے خبیبؓ مظلوم کے جسم پاک کے مختلف حصوں پر نیزے سے ہلکے ہلکے چرکے لگائے اور وہی خون اطہر جو چند ہی لمحے پیشتر حالت نماز میں لشکر و سپاس کے آنسو بن کر آنکھوں سے بہا تھا اب زخموں کی آنکھ سے شہادت کے مشک بو قطرے بن کر ٹپکنے لگے.پیکر صبر خبیبؓ کے دردناک مصائب کا تصور کیجئے اب ستون کے ساتھ جکڑے ہوئے ہیں.کبھی ایک تیر آتا ہے اور دل کے پار ہو جاتا ہے،کبھی نیزہ لگتا ہے اور سینے کو چیر دیتا ہے.ان کی آنکھیں آتے ہوئے تیروں کو دیکھ رہی ہیں.ان کے عضو عضو سے خون بہہ رہا ہے مگر درد و تکلیف کی اس قیامت میں بھی ان کا دل اسلام سے نہیں ٹلتا.

ایک اور شخص آگے آیا اور اس نے حضرت خبیبؓ کے جگر پر نیزے کی انی رکھ دی پھر اس قدر دبایا کہ وہ کمر کے پار ہو گئی.یہ جو کچھ ہوا حضرت خبیبؓ

کی آنکھیں دیکھ رہی تھیں جملہ آور نے کہا: ''اب تو تم بھی پسند کرو گے کہ محمد صلی اللہ علیہ وسلم، یہاں لگ جائیں اور تم اس مصیبت سے چھوٹ جاؤ''. پیکر صبر خبیبؓ نے جگر کے چر کے کو دل کی حوصلہ مندی سے برداشت کر لیا مگر یہ زبان کا گھاؤ برداشت نہ ہوا. اگر چہ زبان کا خون نچڑ چکا تھا مگر جوش ایمان نے اس خشک مڈی میں بھی تاب گویائی پیدا کر دی اور آپ نے جواب دیا: ''اے ظالم! اللہ جانتا ہے کہ مجھے جان دے کر دینا پسند ہے، مگر یہ پسند نہیں کہ رسول اللہ صلی اللہ علیہ وسلم کے قدموں میں ایک کانٹا بھی چبھے. نماز کے بعد حضرت خبیبؓ پر جو حالتیں گزریں آپ بے ساختہ شعروں میں انہیں ادا فرماتے ہیں. ان اشعار کا ترجمہ درج ذیل ہے:

(1) لوگ انبوہ در انبوہ میرے گرد کھڑے ہیں. قبیلے، جماعتیں اور جتھے، یہاں سب کی حاضری لازم ہوگئی ہے.

(2) یہ تمام اجتماع اظہار عداوت کے لئے ہے یہ سب لوگ میرے خلاف اپنے جوش انتقام کی نمائش کر رہے ہیں اور مجھے یہاں موت کی کھونٹی سے باندھ دیا گیا ہے.

(3) ان لوگوں نے یہاں اپنی عورتیں بھی بلا رکھی ہیں اور بچے بھی، اور ایک مضبوط اور اونچے ستون کے پاس کھڑا کر دیا ہے.

(4) یہ لوگ کہتے کہ اگر میں اسلام سے انکار کر دوں تو یہ مجھے آزاد کر دیں گے مگر میرے لئے ترک اسلام انکار کر دوں تو یہ مجھے آزاد کر دیں گے مگر میرے لئے ترک اسلام سے قبول موت بہت آسان ہے؟ اگر چہ میری آنکھوں سے آنسوں جاری ہیں مگر میرا دل بالکل پر سکون ہے.

(5) میں دشمن کے سامنے گردن نہیں جھکاؤں گا. میں فریاد نہیں کروں گا. میں خوف زدہ نہیں ہوں گا. اس لئے کہ میں جانتا ہوں کہ اب اللہ کی طرف جا رہا ہوں.

(6) میں موت سے نہیں ڈر سکتا. اس لئے کہ موت بہر حال آنے والی ہے. مجھے صرف ایک ہی ڈر ہے اور وہ دوزخ کی آگ کا ڈر ہے.

(7) مالک عرش نے مجھ سے خدمت لی ہے اور مجھے صبر و ثبات کا حکم دیا ہے اب کفار نے زدوکوب کر کے میرے جسم کو ٹکڑے ٹکڑے کر دیا ہے اور میری تمام امیدیں ختم ہو چکی ہیں.

(8) میں اپنی عاجزی، بے وطنی اور بے بسی کی اللہ تعالیٰ سے فریاد کرتا ہوں. نہیں معلوم میری موت کے بعد ان کے کیا ارادے ہیں؟ کچھ بھی ہو جب میں راہ خدا میں جان دے رہا ہوں تو یہ جو کچھ بھی کریں گے. مجھے اس کی پروا نہیں.

(9) مجھے اللہ کی ذات سے امید ہے کہ وہ میرے گوشت کے ایک ایک ٹکڑے کو برکت عطا فرمائے گا. اے اللہ جو کچھ آج میرے ساتھ ہو رہا ہے. اپنے رسول کو اطلاع پہنچا دے.

حضرت سعید بن عامر رضی اللہ عنہ، حضرت فاروق اعظمؓ کے عامل تھے. بعض اوقات آپ کو بیٹھے بیٹھے دورہ پڑتا اور آپ وہیں بیہوش ہو کر گر پڑے. ایک دن حضرت فاروق اعظم رضی اللہ عنہ پوچھا آپ کو یہ کیا مرض ہے؟ جواب دیا: میں بالکل تندرست ہوں، اور مجھے کوئی مرض نہیں ہے. جب حضرت خبیب رضی اللہ عنہ کو پھانسی دی گئی تو میں اس مجمع میں موجود تھا. جب وہ ہوش ربا واقعات یاد آ جاتے ہیں تو مجھ سے سنبھلا نہیں جاتا اور میں کانپ کر بے ہوش ہو جاتا ہوں.

(انسانیت موت کے دروازے پر) (''صحیح اسلامی واقعات''، صفحہ نمبر 46-53)

واقعہ نمبر. 21

حضرت عائشہ صدیقہؓ کے آنسو!

حضرت عائشہ صدیقہ رضی اللہ عنہا فرماتی ہیں کہ رسول اللہ صلی اللہ علیہ وسلم کی عادت مبارکہ تھی کہ سفر میں جاتے وقت آپؐ اپنی بیویوں کے نام

فرعہ ڈالتے اور جس کا نام نکلتا اسے اپنے ساتھ لے جاتے. چنانچہ ایک غزوے کے موقع پر میرا نام نکلا. میں آپؐ کے ساتھ چلی (یہ واقعہ پردے کی آیتیں اترنے کے بعد کا ہے) ہوتا یوں کہ میں اپنے ہودج میں بیٹھی رہتی اور جب قافلہ چلتا تو یونہی ہودج رکھ دیا جاتا. ہم غزوے پر گئے، آنحضرت صلی اللہ علیہ وسلم غزوے سے فارغ ہوئے اور واپس لوٹے اور مدینے کے قریب آ گئے. رات کو چلنے کی آواز لگائی گئی میں قضا حاجت کیلئے نکلی اور لشکر کے پڑاؤ سے دور جا کر میں نے قضا حاجت کی پھر واپس لوٹی لشکر گاہ کے قریب آ کر میں نے اپنے گلے کو ٹٹولا تو ہار نہ پایا. میں واپس اس کے ڈھونڈنے کے لئے چلی گئی اور تلاش کرتی رہی. یہاں یہ ہوا کہ لشکر نے کوچ کر دیا. جو لوگ میرا ہودج اٹھاتے تھے انہوں نے یہ سمجھ کر کہ میں حسب عادت اندر ہی ہوں ہودج اٹھا کر اوپر رکھ دیا اور چل پڑے. یہ بھی یاد رہے کہ اس وقت تک عورتیں نہ کچھ ایسا کھاتی پیتی تھیں نہ وہ بھاری بدن کی بوجھل تھیں. تو میرے ہودج اٹھانے والوں کو میرے ہونے یا نہ ہونے کا مطلق پتہ نہ چلا اور میں اس وقت اوائل عمر کی تو تھی ہی. الغرض بہت دیر کے بعد مجھے میرا ہار مل گیا. یہاں میں جو پہنچی تو کسی آدمی کا نام ونشان بھی نہ تھا. نہ کوئی پکارنے والا نہ جواب دینے والا. میں اپنے نشان کے مطابق وہی پہنچی جہاں ہمارا اونٹ بٹھایا گیا تھا، اور وہیں انتظار میں بیٹھ گئی کہ جب آپؐ چل کر میرے نہ ہونے کی خبر پائیں گے تو مجھے تلاش کرنے کے لئے یہیں آئیں گے. مجھے بیٹھے بیٹھے نیند آ گئی اتفاق سے حضرت صفوان بن معطل سلمی ذکوانیؓ جو لشکر کے پیچھے رہتے تھے وہ پچھلی رات کو چلے تھے صبح کے چاندنے میں یہاں پہنچ گئے. ایک سوتے ہوئے آدمی کو یکھ کر خیال آنا تھا غور سے دیکھا تو چونکہ پردے کے حکم سے پہلے مجھے وہ دیکھتے ہی تھے، دیکھتے ہی پہچان گئے اور بآواز بلند ان کی زبان سے نکلا انا للہ وانا الیہ راجعون . ان کی آواز سنتے ہی میری آنکھ کھل گئی اور میں آپنی چادر سے اپنا منہ ڈھانپ کر سنبھل بیٹھی. انہوں نے جھٹ سے اپنے اونٹ کو بٹھایا اور اس کی ٹانگ پر اپنا پاؤں رکھا. میں اٹھی اور اونٹ پر سوار ہوگئی. انہوں نے اونٹ کو کھڑا کر دیا اور بھگاتے ہوئے لے چلے. قسم اللہ کی نہ وہ مجھ سے کچھ بولے نہ میں نے ان سے کوئی بات کی. نہ سوائے انا للہ کے میں نے ان کے منہ سے کوئی کلمہ سنا. دوپہر کے قریب ہم اپنے قافلے سے مل گئے. بس اتنی سی بات کا ہلاک ہونے والوں نے بتنگڑ بنا لیا. ان کا سب سے بڑا اور بڑھ بڑھ کر باتیں بنانے والا عبداللہ بن ابی بن سلول تھا. مدینے آتے ہی میں بیمار پڑ گئی اور مہینے بھر تک بیماری میں گھر میں رہی. نہ میں نے کچھ سنا، نہ کسی نے مجھ سے کہا. جو کچھ غل غپاڑہ لوگوں میں ہو رہا تھا میں اس سے بے خبر تھی. البتہ میرے دل میں یہ خیال بسا اوقات گزرتا تھا کہ رسول اللہ صلی اللہ علیہ وسلم کی مہر ومحبت میں کمی کی کیا وجہ ہے؟ بیماری میں عام طور پر جو شفقت رسول صلی اللہ علیہ وسلم کو میرے ساتھ ہوتی تھی. اس بیماری میں وہ بات نہ پاتی تھی اسے لئے مجھے رنج تو بہت تھا مگر کوئی وجہ معلوم نہ تھی، بس آنحضرت صلی اللہ علیہ وسلم تشریف لاتے، سلام کرتے اور دریافت فرماتے طبیعت کیسی ہے؟ اور کوئی بات نہ کرتے، اس سے مجھے بڑا صدمہ ہوتا. مگر بہتان بازوں کی تہمت سے میں بالکل غافل تھی. اب سنئے اس وقت تک گھروں میں لٹرین کا انتظام نہ تھا. اور عرب کی قدیم عادت کے مطابق ہم لوگ میدان میں قضا حاجب کیلئے جایا کرتے تھے. عورتیں عموماً رات کو جایا کرتی تھیں. گھروں میں لٹرین بنانے پر عام طور پر نفرت کی جاتی تھی. حسب عادت میں ام مسطحؓ بنت ابی رہم ابن عبدالمطلب بن عبدمناف کے ساتھ قضاء حاجت کیلئے چلی. اس وقت میں بہت ہی کمزور تھی. یہ ام مسطحؓ میرے والدؓ کی خالہ تھیں. ان کی والدہ صخر بن عامر کی لڑکی تھیں. ان کے لڑکے کا نام مسطح بن اثاثہ بن عباد بن عبدالمطلب تھا. جب ہم واپس آنے لگے تو حضرت ام مسطحؓ کا پاؤں چادر کے دامن میں الجھا اور بے ساختہ ان کے منہ سے نکل گیا کہ (تأِس مسطح) مسطح غارت ہو مجھے برا لگا اور میں نے کہا، تم نے بہت برا کلمہ بولا، توبہ کرو، تم گالی دیتی ہو. جس نے جنگ بدر میں شرکت کی. اس وقت ام مسطحؓ نے کہا. بھولی بی بی آپ کو کیا معلوم میں نے کہا کیا بات ہے؟ انہوں نے فرمایا وہ بھی ان لوگوں میں ہے جو آپ کو بدنام کرتے پھرتے ہیں. مجھے سخت حیرت ہوئی میں ان کے سر ہوگئی کہ کم از کم مجھے سارا واقعہ تو کہو. اب انہوں نے بہتان باز لوگوں کی تمام کارستانیاں مجھے سنائیں. میرے تو ہاتھوں کے طوطے اڑ گئے. رنج وغم کا پہاڑ مجھ پر ٹوٹ پڑا، مارے صدمے کے میں تو اور بیمار ہوگئی. بیمار تو پہلے سے تھی. اس خبر نے تو نڈھال کر دیا. جوں توں کر کے گھر پہنچی اب صرف یہ خیال تھا کہ میں اپنے میکے جا کر اور اچھی طرح معلوم تو کر لوں کہ کیا واقعی میری نسبت ایسی افواہ پھیلائی گئی ہے اور کیا کیا مشہور کیا جا رہا ہے. اتنے میں رسول اللہ صلی اللہ علیہ

وسلم میرے پاس تشریف لائے اور سلام کیا اور دریافت فرمایا کیا حال ہے؟ میں نے کہا اگر آپؐ اجازت دیں تو میں اپنے والدؓ کے ہاں ہو آؤں. آپؐ نے اجازت دے دی میں یہاں سے آئی اپنی والدہؓ سے پوچھا کہ اماں جان لوگوں میں میرے متعلق کیا باتیں پھیل رہی ہیں. انہوں نے فرمایا، بیٹی یہ تو نہایت معمولی بات ہے تم اپنا دل بھاری مت کرو. کسی شخص کی اچھی بیوی جو اسے محبوب ہو اور اس کی سوکنیں بھی ہوں. وہاں ایسی باتوں کا کھڑا ہونا تو لازمی امر ہے. میں نے کہا، سبحان اللہ کیا واقعی لوگ میری نسبت ایسی افواہیں اڑا رہے ہیں. اب تو مجھے رنج وغم نے اس قدر گھیرا کہ بیان سے باہر ہے. اس وقت سے جو رونا شروع ہوا. واللہ ایک دم بھر کے لئے میرے آنسو نہیں تھمے. میں سر ڈال کر روتی رہی کہاں کا کھانا پینا، کہاں کا سونا جاگنا اور کہاں کی بات چیت بس رنج والم اور رونا ہے اور میں ہوں. ساری رات اسی حالت میں گزری کہ آنسوؤں کی لڑی نہ تھمی. دن کو بھی یہی حال رہا. آنحضرت صلی اللہ علیہ وسلم نے حضرت علی رضی اللہ عنہ کو اور حضرت اسامہ بن زید رضی اللہ عنہما کو بلایا. وحی میں دیر ہوئی. اللہ تعالیٰ کی طرف سے آپ کو کوئی بات معلوم نہ ہوئی تھی. اس لئے آپؐ نے ان دونوں حضرات سے مشورہ کیا کہ آپؐ مجھے الگ کر دیں یا کیا کریں؟ حضرت اسامہؓ نے صاف کہا کہ اے اللہ کے رسولؐ ہم آپ کی اہل پر کوئی برائی نہیں جانتے. ہمارے دل تو ان کی محبت عزت اور شرافت کی گواہی دینے کے لئے حاضر ہیں. ہاں حضرت علیؓ نے جواب دیا کہ یا رسول اللہؐ اللہ تعالیٰ کی طرف سے آپ کو کوئی تنگی نہیں عورتیں ان کے سوا بھی بہت ہیں اگر آپ گھر کی خادمہ سے پوچھیں تو آپ کو صحیح واقعہ معلوم ہو سکتا ہے. آپؐ نے اسی وقت گھر کی خادمہ حضرت بریرہؓ کو بلوایا اور ان سے فرمایا کہ حضرت عائشہ رضی اللہ عنہا کی کوئی بات شک وشبہ والی کبھی بھی دیکھی ہو تو بتلاؤ. بریرہؓ نے کہا کہ اس اللہ کی قسم جس نے آپ کو حق کے ساتھ مبعوث فرمایا ہے میں نے ان میں کوئی بات کبھی اس قسم کی نہیں دیکھی. ہاں صرف یہ بات ہے کہ کم عمری کی وجہ سے ایسا ہو جاتا ہے کہ کبھی کبھی گوندھا ہوا آٹا یونہی رکھا رہتا ہے اور بی بی سو جاتی، تو بکری آٹا کھا جاتی. اس کے سوا میں نے ان کا کوئی قصور کبھی نہیں دیکھا. چونکہ کوئی ثبوت اس واقعہ کا نہ ملا اس لئے اسی دن رسول اللہ صلی اللہ علیہ وسلم ممبر پر کھڑے ہوئے اور مجمع سے مخاطب ہو کر فرمایا کون ہے جو مجھے اس شخص کی ایذاؤں سے بچائے جس نے مجھے ایذائیں پہنچاتے پہنچاتے اب تو میری گھر والیوں کے بارے میں مجھے ایذائیں پہنچانی شروع کر دیں. واللہ میں جہاں تک جانتا ہوں مجھے اپنی گھر والیوں میں سوائے بھلائی کے کوئی چیز معلوم نہیں جس شخص کا نام یہ لوگ لے رہے ہیں میری دانست میں تو اس کے متعلق بھی سوائے بھلائی کے اور کچھ نہیں وہ میرے ساتھ ہی گھر میں آتا تھا یہ سنتے ہی حضرت سعد بن معاذؓ کھڑے ہو گئے، فرمانے لگے، یا رسول اللہ صلی اللہ علیہ وسلم میں موجود ہوں، اگر قبیلہ اوس کا شخص ہے تو ابھی ہم اس کی گردن تن سے جدا کرتے ہیں اور اگر وہ ہمارے خزرج بھائیوں سے ہے تو بھی آپ جو حکم دیں ہمیں اس کی تعمیل میں کوئی عذر نہ ہوگا. یہ سن کر حضرت سعد بن عبادہؓ کھڑے ہو گئے. یہ قبیلہ خزرج کے سردار تھے. تھے تو یہ بڑے نیک بخت مگر حضرت سعد بن معاذؓ کی اس وقت کی گفتگو سے انہیں اپنے قبیلے کی حمیت آ گئی اور ان کی طرف داری کرتے ہوئے حضرت سعد بن معاذؓ سے کہنے لگے نہ تو تو اسے قتل کرے گا، نہ اس کے قتل پر تو قادر ہے اگر وہ تیرے قبیلے کا ہوتا تو اس کا قتل کیا جانا کبھی پسند نہ کرتا. یہ سن کر اسید بن حضیرؓ کھڑے ہو گئے یہ حضرت سعد بن معاذؓ کے بھتیجے تھے کہنے لگے اسے سعد بن عبادہؓ تم جھوٹ کہتے ہو ہم اسے ضرور مار ڈالیں گے. آپ منافق ہیں کہ منافقوں کی طرف داری کر رہے ہیں. اب ان کی طرف سے ان کا قبیلہ اور ان کی طرف سے ان کا قبیلہ ایک دوسرے کے مقابلے پر آ گئے اور قریب تھا کہ اوس وخزرج یہ دونوں قبیلے آپس میں لڑ پڑیں. حضور صلی اللہ علیہ وسلم نے ممبر پر انہیں سمجھانا اور چپ کرانا شروع کیا. یہاں تک کہ دونوں طرف خاموشی ہو گئی.

حضور صلی اللہ علیہ وسلم بھی خاموش ہو رہے یہ تو تھا وہاں کا واقعہ. میرا حال یہ تھا کہ سارا دن بھی رونے ہی میں گزرا. میرے اس رونے نے میرے والدین کی بھی سٹی گم کر دی تھی. وہ سمجھ بیٹھے تھے کہ میرا یہ رونا میرا کلیجہ پھاڑ دے گا. دونوں حیرت زدہ مغموم بیٹھے ہوئے تھے اور مجھے تو رونے کے سوا اور کوئی کام ہی نہ تھا. انصار کی ایک عورت آئی اور وہ بھی میرے ساتھ رونے لگی. ہم یونہی بیٹھے ہوئے تھے جو اچانک رسول کریم صلی اللہ علیہ وسلم تشریف لائے اور سلام کر کے میرے پاس بیٹھ گئے. قسم اللہ کی جب سے یہ بہتان بازی شروع ہوئی تھی آج تک رسول اللہ صلی اللہ علیہ وسلم میرے پاس کبھی نہیں بیٹھے تھے.

مہینہ بھر گزر گیا تھا کہ حضور اکرم صلی اللہ علیہ وسلم کی یہی حالت تھی کوئی وحی نہیں آئی تھی کہ فیصلہ ہو سکے. آپؐ نے بیٹھتے ہی اول تو تشہد پڑھا، پھر اما بعد پڑھ کر فرمایا کہ اے عائشہؓ ! تیری نسبت مجھے یہ خبر پہنچی ہے اگر تو واقعی پاک دامن ہے تو اللہ تعالیٰ سے استغفار کر اور توبہ کر. بندہ جب گناہ کر کے اپنے اقرار گناہ کے ساتھ اللہ کی طرف جھکتا ہے اور اس سے معافی طلب کرتا ہے تو اللہ تعالیٰ اسے بخش دیتا ہے. آپؐ اتنا فرما کر خاموش ہو گئے یہ سنتے ہی میرا رونا دھونا سب جاتا رہا، آنسو تھم گئے. یہاں تک کہ میں آنسو کا ایک قطرہ بھی نہ پاتی تھی میں نے اول تو اپنے والد سے درخواست کی کہ میری طرف سے رسول کریم صلی اللہ علیہ وسلم کو آپ ہی جواب دیں لیکن انہوں نے کہا واللہ! میری سمجھ میں نہیں آتا کہ میں حضور صلی اللہ علیہ وسلم کو کیا جواب دوں؟ اب میں نے اپنی والدہ کی طرف دیکھا اور کہا کہ آپ رسول اللہ صلی اللہ علیہ وسلم کو جواب دیں. لیکن انہوں نے بھی یہی کہا کہ میں نہیں سمجھ سکتی کہ میں کیا جواب دوں؟ آخر میں نے خود ہی جواب دینا شروع کیا میری عمر کچھ ایسی بڑی تو نہ تھی اور نہ مجھے زیادہ قرآن حفظ تھا. میں نے کہا آپ سب نے ایک بات سنی اور اسے اپنے دل میں بٹھا لیا، گویا سچ سمجھ لی اور اب اگر میں کہوں گی کہ میں اس سے بالکل بری ہوں اور اللہ خوب جانتا ہے کہ واقعی میں اس سے بالکل بری ہوں لیکن تم لوگ نہیں مانو گے ہاں اگر میں کسی امر کا اقرار کر لوں حالانکہ اللہ تعالیٰ کو خوب علم ہے کہ میں بالکل بے گناہ ہوں تو تم ابھی مان لو گے. میری اور تمہاری مثال تو بالکل حضرت ابو یوسفؑ کا یہ قول ہے: فصبر جميل والله المستعان على ما تصفون " پس صبر ہی اچھا ہے جس میں شکایت کا نام ہی نہ ہو، اور تم جو باتیں بناتے ہو ان میں اللہ تعالیٰ ہی میری مدد کرے'' اتنا کہہ کر میں نے کروٹ پھیر

لی اور اپنے بستر پر لیٹ گئی. واللہ مجھے یقین تھا کہ چونکہ میں پاک ہوں اللہ تعالیٰ میری برات اپنے رسول صلی اللہ علیہ وسلم کو ضرور معلوم کرا دے گا. لیکن یہ تو میرے گمان میں بھی نہ تھا کہ میرے بارے میں قرآن کی آیتیں نازل ہوں گی. میں اپنے آپ کو اس سے بہت کمتر جانتی تھی کہ میرے بارے میں کلام اللہ کی آیتیں اتریں. ہاں مجھے زیادہ سے زیادہ یہ خیال ہوتا تھا کہ ممکن ہے کہ خواب میں اللہ تعالیٰ حضور صلی اللہ علیہ وسلم کو میری برات دکھا دے.

واللہ! ابھی تو نہ رسول اللہ صلی اللہ علیہ وسلم اپنی جگہ سے ہٹے تھے اور نہ گھر والوں میں سے کوئی گھر کے باہر نکلا تھا کہ حضور صلی اللہ علیہ وسلم پر وحی نازل ہونا شروع ہو گئی اور چہرے (مبارک) پر وہی نشان ظاہر ہوئے جو وحی کے وقت ہوتے تھے اور پیشانی مبارک سے پسینے کی پاک بوندیں ٹپکنے لگیں. سخت سردی میں بھی وحی کے نازل ہونے کی یہی کیفیت ہوا کرتی تھی. جب وحی اتر چکی تو ہم نے دیکھا کہ حضور صلی اللہ علیہ وسلم کا چہرہ (مبارک) ہنسی سے شگفتہ ہو رہا ہے. سب سے پہلے آپؐ نے میری طرف دیکھ کر فرمایا کہ عائشہؓ خوش ہو جاؤ. اللہ تعالیٰ نے تمہاری برات نازل فرما دی. اسی وقت میری والدہ نے فرمایا کہ بچی حضور صلی اللہ علیہ وسلم کے سامنے کھڑے ہو جا. میں نے جواب دیا کہ واللہ! نہ تو میں آپؐ کے سامنے کھڑی ہوں اور نہ سوائے اللہ تعالیٰ کے کسی اور کی تعریف کروں. اسی نے میری برات اور پاکیزگی نازل فرمائی ہے. اس لئے میں تو اسی کی تعریف کروں گی اور اسی کا شکریہ ادا کروں گی.

(تفسیر ابن کثیر ، جلد3)

(''صحیح اسلامی واقعات''، صفحہ نمبر 15-24)

قارئین !! نبی کریم صلی اللہ علیہ وسلم کو حضرت عائشہ رضی اللہ عنہا سے کتنی محبت تھی کہ اتنا بڑا بہتان لگنے کے باوجود ان کو طلاق نہیں دی. اس کے علاوہ جس منافق نے یہ حرکت کی تھی اس نے کتنی تکلیف پہنچائی. لیکن افسوس صد افسوس آج بھی ایک طبقہ عائشہ عائشہ رضی اللہ عنہا کے بارے میں گستاخانہ گمان رکھتا ہے اور ان کی پاکدامنی کا صاف انکار کرتا ہے. حالانکہ قرآن نے اس عظیم عورت کے بارے میں برات کی آیتیں نازل کی. کیا کوئی امہات المومنین یعنی مومنین کی ماؤں پر ایسے غلط الزامات لگا سکتا ہے؟

واقعہ نمبر. 22

حضرت سعد بن مالک رضی اللہ عنہ کا واقعہ

حضرت سعد بن مالک رضی اللہ عنہ فرماتے ہیں کہ میں اپنی ماں کی بہت خدمت کیا کرتا تھا اور ان کا پورا اطاعت گزار تھا جب مجھے اللہ نے اسلام کی طرف ہدایت کی تو میری والدہ مجھ پر بہت بگڑیں اور کہنے لگیں: ''بچے نیا دین تو کہاں سے نکال لیا ہے .سنو! میں تمہیں حکم دیتی ہوں کہ اس دین سے دست بردار ہو جاؤ ورنہ میں نہ کھاؤں گی نہ پیوں گی اور یونہی بھوکی مر جاؤں گی۔'' میں نے اسلام کو نہ چھوڑا، میری ماں نے کھانا پینا ترک کر دیا اور چوطرف سے لوگ مجھ پر آوازے کسنے لگے کہ یہ اپنی ماں کا قاتل ہے. میرا بہت دل تنگ ہوا. میں نے اپنی والدہ کی خدمت میں بار بار عرض کیا، خوشامدیں کیں، سمجھایا کہ اللہ کے لئے اپنی ضد سے باز آ جاؤ. یہ تو ناممکن ہے کہ میں دین محمد صلی اللہ علیہ وسلم کو چھوڑ دوں اسی بحث وتمحیص میں میری والدہ پر تین دن کا فاقہ گزر گیا اور اس کی حالت بہت ہی خراب ہوگئی تو میں اس کے پاس گیا اور میں نے کہا: میری اچھی ماں جان، سنو! تم مجھے میری جان سے زیادہ عزیز ہو لیکن میرے دین سے زیادہ عزیز نہیں ہو. واللہ! ایک نہیں تمہاری ایک سو جانیں ہوں اور اسی بھوک پیاس میں ایک ایک کر کے سب نکل جائیں، تو بھی میں آخری لمحہ تک اپنے سچے دین اسلام کو نہ چھوڑوں گا. واللہ! نہ چھوڑوں گا. اب میری ماں مایوس ہوگئیں اور کھانا پینا شروع کر دیا.

(تفسیر ابن کثیر ، جلد 4)

(''صحیح اسلامی واقعات''، صفحہ نمبر 61-62)

واقعہ نمبر. 23

حضرت عبداللہ بن حذافہ رضی اللہ عنہ کا واقعہ

(حکومت، دولت وشہزادی کو ٹھکرانے والے صحابی کی داستان)

حافظ ابن کثیرؒ اور حافظ ابن عساکرؒ عبداللہ بن حذافہ رضی اللہ عنہ کا واقعہ بیان کرتے ہیں کہ آپ کو رومی کافروں نے قید کر لیا اور اپنے بادشاہ کے پاس پہنچا دیا. بادشاہ نے آپ سے کہا کہ تم نصرانی بن جاؤ، میں تمہیں اپنے راج پاٹ میں شریک کر لیتا ہوں اور اپنی شہزادی کو تمہارے نکاح میں دیتا ہوں. عبداللہ بن حذافہ رضی اللہ عنہ نے جواب دیا کہ یہ تو کیا اگر تو اپنی بادشاہت مجھے دے دے اور تمام عرب کا راج بھی مجھے سونپ دے اور یہ چاہے کہ میں ایک آنکھ جھپکنے کے برابر بھی اپنے دین محمد صلی اللہ علیہ وسلم سے پھر جاؤں تو یہ بھی ناممکن ہے. بادشاہ نے کہا پھر تجھے قتل کر دوں گا. حضرت عبداللہ بن حذافہ رضی اللہ عنہ نے جواب دیا کہ ہاں یہ تجھے اختیار ہے. چنانچہ اسی وقت بادشاہ نے حکم دیا اور انہیں صلیب پر چڑھا دیا اور تیر اندازوں نے قریب سے بحکم بادشاہ ان کے ہاتھ پاؤں اور جسم چھیدنا شروع کر دیا. بار بار کہا جاتا کہ اب بھی نصرانیت قبول کر لو، اور آپ پورے صبر واستقلال کے سے فرماتے جاتے تھے کہ ہرگز نہیں. آخر بادشاہ نے حکم دیا کہ اسے سولی سے اتار لو (اور پیتل کی بنی ہوئی دیگ خوب تپا کر آگ بنا کر لاؤ.) چنانچہ وہ پیش ہوئی. بادشاہ نے ایک اور مسلمان قیدی کی بابت حکم دیا کہ اسے اس میں ڈال دو. اسی وقت حضرت عبداللہ بن حذافہ رضی اللہ عنہ کی موجودگی میں آپ کے دیکھتے ہوئے اس مسلمان قیدی کو اس میں ڈال دیا گیا. وہ مسکین صحابی اسی وقت چرمر ہو کر رہ گئے، گوشت پوست جل گیا اور ہڈیاں چمکنے لگیں. پھر بادشاہ نے حضرت عبداللہ بن حذافہ رضی اللہ عنہ سے کہا کہ دیکھو اب بھی وقت ہے بات مان لو اور ہمارا مذہب قبول کر لو ورنہ اسی آگ کی دیگ میں اسی طرح تمہیں بھی ڈال کر جلا دیا جائے گا. آپ نے پھر بھی اپنے ایمان جوش سے کام لے کر فرمایا کہ ناممکن ہے کہ میں اللہ کے دین کو چھوڑ دوں. اسی وقت بادشاہ نے حکم دیا کہ انہیں چرخی پر چڑھا کر اس میں ڈال دو. جب یہ اس آگ کی دیگ میں ڈالے جانے کیلئے چرخی پر اٹھائے گئے تو بادشاہ نے دیکھا کہ ان کی آنکھوں میں سے آنسو نکل رہے ہیں. اس وقت اس نے حکم دیا کہ رک جائیں اور انہیں اپنے پاس بلا لیا. اس لئے کہ اب اسے امید بندھ گئی تھی کہ شاید اس عذاب کو دیکھ کر اس کے خیالات بدل گئے ہوں، میری مان لے گا اور میرے مذہب کو قبول کر کے میری دامادی میں آ کر میری سلطنت کا ساجھی بن جائے گا. لیکن بادشاہ کی یہ تمنا بے سود نکلی. حضرت عبداللہ رضی اللہ عنہ نے فرمایا کہ میں صرف اس وجہ سے رویا تھا کہ آہ! آج ایک ہی جان ہے جسے اللہ کی راہ میں اس عذاب کے ساتھ

قربان کر رہا ہوں، کاش میرے روئیں روئیں میں ایک ایک جان ہوتی تو آج سب میں سب جانیں اللہ کی راہ میں ایک ایک کر کے فدا کر دیتا.

بعض روایات میں ہے کہ آپ کو قید خانہ میں رکھا اور کھانا پینا بند کر دیا.کئی دن کے بعد شراب اور خنزیر کا گوشت بھیجا،لیکن آپ نے اس بھوک پر بھی اس کی طرف توجہ تک نہ فرمائی. بادشاہ نے آپ کو بلا بھیجا اور اسے نہ کھانے کا سبب دیافت کیا تو آپ نے جواب دیا: کہ اس حالت میں میرے لئے جائز تو ہوگیا ہے لیکن میں تجھ جیسے دشمن کو اپنے بارے میں خوش ہونے کا موقع بھی نہیں دینا چاہتا.اب بادشاہ نے کہا: کہ اچھا تم میرے سر کا بوسہ لے لو،تو میں تمہیں اور تمہارے ساتھ کے تمام قیدیوں کو رہا کر دیتا ہوں.آپ نے اسے قبول فرما لیا اور اس کے سر کا بوسہ لے لیا اور بادشاہ نے بھی اپنا وعدہ پورا کیا.آپ کو اور آپ کے ساتھیوں کو چھوڑ دیا.جب حضرت عبداللہ بن حذافہ رضی اللہ عنہ یہاں سے آزاد ہو کر حضرت عمر فاروق رضی اللہ عنہ کے پاس پہنچے تو آپ نے انہیں بڑے ادب کے ساتھ منبر رسول صلی اللہ علیہ وسلم پر بٹھایا اور فرمایا کہ عبداللہؓ اپنا واقعہ ہم کو سناؤ. چنانچہ جب آپ نے شروع کیا تو خلیفہ المسلمینؓ کی آنکھوں سے آنسو بہنے لگے تو آپ نے فرمایا کہ ہر مسلمان پر حق ہے کہ عبداللہ بن حذافہ رضی اللہ عنہ کی پیشانی چومے اور میں ابتداء کرتا ہوں. یہ فرما کر پہلے آپ نے ان کے سر کا بوسہ لیا اور پھر جمیع مسلمانوں نے ،(رضی اللہ عنہ ورضو عنہ)

(ابن کثیر، جلد3)

(''صحیح اسلامی واقعات''،صفحہ نمبر 62-65)

واقعہ نمبر. 24

خون کا پیالہ

ابن ابی حاتم میں صدی بن عجلان سے مروی ہے کہ مجھے رسول اللہ صلی اللہ علیہ وسلم نے اپنی قوم کی طرف بھیجا کہ میں انہیں اللہ اور رسول صلی اللہ علیہ وسلم کی طرف بلاؤں اور احکام اسلام ان کے سامنے پیش کردوں میں وہاں پہنچ کر اپنے کام میں مشغول ہوگیا.اتفاقاً ایک روز وہ ایک پیالہ خون کا بھر کر میرے سامنے آ بیٹھے اور حلقہ باندھ کر کھانے کے ارادے سے بیٹھے اور مجھ سے کہنے لگے آؤ صدی تم بھی کھا لو میں نے کہا تم غضب کر رہے ہو میں تو ان کے پاس سے آ رہا ہوں جو اس کا کھانا ہم سب پر حرام کرتے ہیں.تب تو وہ سب سے سب میری طرف متوجہ ہوگئے اور کہا پوری بات کہو تو میں نے یہ آیت پڑھ کر سنادی.

ترجمہ: تم پر مردار حرام کیا گیا ہے اور خون اور خنزیر کا گوشت اور جو اللہ کے سوا دوسرے کے نام پر مشہور کیا گیا ہو.(سورۃ المائدۃ: آیت 3)

صدی بیان فرماتے ہیں میں وہاں بہت دنوں تک رہا اور انہیں پیغام اسلام پہنچاتا رہا لیکن وہ ایمان نہ لائے.

آزمائش کی گھڑی سر پر

ایک دن جب کہ میں سخت پیاسا ہوا اور پانی بالکل نہ ملا تو میں نے ان سے پانی مانگا اور کہا کہ پیاس کے مارے میرا برا حال ہے.تھوڑا سا پانی پلا دو لیکن کسی نے مجھے پانی نہ دیا بلکہ کہا ہم تو تجھے یونہی پیاسا تڑپا تڑپا کر ماریں گے میں غمناک ہو کر دھوپ میں تپتے ہوئے انگاروں جیسے سنگریزوں پر اپنا کمبل منہ پر ڈال کر سخت گرمی کی حالت میں گر پڑا،اتفاقاً میری آنکھ لگ گئی تو خواب میں دیکھتا ہوں کہ ایک شخص بہترین جام لئے ہوئے اور اس میں بہترین خوش ذائقہ مزے دار پینے کی چیز لئے ہوئے میرے پاس آیا اور جام میرے ہاتھ میں دے دیا.میں نے خوب پیٹ بھر کر اس میں سے پیا وہیں آنکھ کھل گئی تو اللہ کی قسم مجھے مطلق پیاس نہ تھی بلکہ اس کے بعد سے لے کر آج تک مجھے کبھی پیاس کی تکلیف نہیں ہوئی. بلکہ یوں کہنا چاہیے کہ پیاس ہی نہیں لگی.یہ لوگ میرے جاگنے کے بعد آپس میں کہنے لگے: آخر یہ تمہاری قوم کا سردار ہے.تمہارا مہمان بن کر آیا ہے اتنی بے رخی ٹھیک نہیں کہ ایک گھونٹ پانی بھی ہم اسے نہ دیں. چنانچہ اب یہ لوگ میرے پاس کچھ لے کر آئے ، میں نے کہا کہ مجھے اب کوئی حاجت نہیں ہے.میرے رب نے کھلا پلا دیا.یہ کہہ کر میں نے انہیں اپنا بھرا ہوا

پیٹ دکھایا.اس کرامت کو دیکھ کر وہ سب کے سب مسلمان ہو گئے.

(''صحیح اسلامی واقعات''،صفحہ نمبر 70-72)

واقعہ نمبر.25

ایک بچے کے ایمان کی آزمائش

مسند احمد میں ہے: رسول اللہ صلی اللہ علیہ وسلم نے فرمایا کہ پہلے زمانے میں ایک بادشاہ تھا اس کے ہاں ایک جادوگر تھا، جب جادوگر بوڑھا ہوا تو اس نے بادشاہ سے کہا کہ میں اب بوڑھا ہو گیا ہوں اور میری موت کا وقت قریب آ رہا ہے. مجھے کوئی بچہ سونپ دو. میں اسے جادو سکھا دوں چنانچہ ایک ذہین لڑکے کو وہ تعلیم دینے لگا.لڑکا اس کے ہاں جاتا تو راستے میں ایک راہب کا گھر پڑتا. جہاں وہ عبادت میں اور وعظ ونصیحت میں مشغول ہوتا یہ بھی کھڑا ہو جاتا اور اس کے طریقہ عبادت کو دیکھتا اور وعظ سنتا، آتے جاتے یہاں رک جایا کرتا تھا، جادوگر بھی مارتا اور باپ بھی. کیوں کہ وہاں وہ دیر سے پہنچتا اور یہاں بھی دیر سے آتا ایک دن بچے نے راہب کے سامنے یہ شکایت پیش کی. راہب نے کہا جب جادوگر تم سے پوچھے کہ کیوں دیر ہو گئی تو کہنا کہ گھر والوں نے روک

فضاء بدر پیدا کر فرشتے تیری نصرت کو

اتر سکتے ہیں گردوں سے قطار اندر قطار اب بھی

لیا تھا اور گھر والے بگڑیں تو کہنا کہ جادوگر نے روک لیا تھا. یوں ہی ایک زمانہ گزر گیا کہ ایک طرف تو وہ جادو سیکھتا تھا اور دوسری طرف کلام اللہ اور دین اللہ سیکھتا تھا.ایک دن یہ دیکھتا ہے، کہ راستے میں ایک زبردست ہیبت ناک سانپ پڑا ہے. جس نے لوگوں کی آمد ورفت بند رکھی ہے اِدھر والے اِدھر اور اُدھر والے اُدھر ہیں اور سب لوگ اِدھر اُدھر پریشان کھڑے ہیں. اس نے اپنے دل میں سوچا کہ آج موقعہ ہے کہ میں امتحان لوں راہب کا دین اللہ کو پسند ہے یا جادوگر کا. اس نے ایک پتھر اٹھا کر اور یہ کہہ کر اس پر پھینکا کہ اے اللہ! اگر تیرے نزدیک راہب کا دین جادوگر کی تعلیم سے زیادہ محبوب ہے تو اس جانور کو اس پتھر سے ہلاک کر دے تاکہ لوگوں کو اس بلا سے نجات مل جائے. پتھر لگتے ہی وہ جانور ہلاک ہو گیا اور لوگوں کا آنا جانا شروع ہو گیا اور پھر لڑکے نے جا کر راہب کو خبر دی. اس نے کہا پیارے بچے آج کے دن تو مجھ سے افضل ہے. اب اللہ کی طرف سے تیری آزمائش ہوگی اگر ایسا ہوا تو (لوگوں کو) میری خبر نہ کرنا.

اب اس بچے کے پاس حاجت مند لوگوں کا تانتا لگ گیا. اس کی دعا سے مادر زاد اندھے، کوڑھی، جذامی اور ہر قسم کے بیمار اچھے ہونے لگے. بادشاہ کے ایک نابینا وزیر کے کان میں یہ بات پڑی. وہ بڑے تحفے تحائف لے کر حاضر ہوا اور کہنے لگا کہ مجھے شفا دے دے تو یہ سب کچھ تجھے دے دوں گا.

اس نے کہا کہ شفا میرے ہاتھ میں نہیں، میں تو کسی کو شفا نہیں دے سکتا. شفا دینا والا اللہ وحدہ، لاشریک ہے اگر تو اس پر ایمان لانے کا وعدہ کرے تو میں دعا کروں. اس نے اقرار کیا بچے نے اس کے لئے دعا کی. اللہ نے اسے شفا دے دی.

وہ بادشاہ کے دربار میں آیا اور جس طرح اندھا ہونے پہلے کام کرتا تھا. اسی طرح کام کرنے لگا. اس کی آنکھیں بالکل روشن تھیں. بادشاہ نے متعجب ہو کر پوچھا کہ تجھے آنکھیں کس نے دیں. اس نے کہا میرے رب نے. بادشاہ نے کہا ہاں یعنی میں نے دی ہیں. وزیر نے کہا نہیں، نہیں میرا اور تیرا رب صرف اللہ ہے اب بادشاہ نے اس کی مار پیٹ شروع کر دی اور طرح طرح کی تکلیفیں دیں اور پوچھنے لگا تجھے یہ تعلیم کس نے دی. آخر اس نے بتایا کہ میں نے اس بچے کے ہاتھ پر اسلام قبول کیا ہے. اس نے اسے بلایا اور کہا کہ اب تم جادو میں کامل ہو گئے ہو. اندھوں کو دیکھتا اور بیماروں کو تندرست کرنے لگے ہو. اس نے کہا غلط ہے میں کسی کو شفا نہیں دے سکتا ہوں. نہ جادوگر ہوں. شفا اللہ کے ہاتھ میں ہے. وہ کہنے لگا: اللہ تو میں ہی ہوں. اس نے کہا ہرگز نہیں.

بادشاہ نے کہا: پھرتو میرے سوا کسی اور کو رب مانتا ہے تو اس نے کہا کہ میرا اور تیرا رب اللہ ہے. اس نے اب اس بچے کو طرح طرح کی سزائیں دینی شروع کردیں.

یہاں تک کہ راہب کا پتہ لگالیا اور راہب کو بلا کر کہا کہ اسلام کو چھوڑ دے. اس نے انکار کیا تو بادشاہ نے اسے آرے سے چروا دیا. پھر اس نوجوان سے کہا کہ تو بھی دین اسلام سے پھر جا. اس نے بھی انکار کیا تو بادشاہ نے اپنے سپاہیوں کو حکم دیا کہ اسے فلاں پہاڑ کی چوٹی پر لے جاؤ. وہاں پہنچ کر بھی اگر دین سے باز آجائے تو اچھا ہے ورنہ وہیں سے لڑھکا دیں. چنانچہ سپاہی اسے پہاڑ کی چوٹی پر لے گئے جب اسے دھکا دینا چاہا تو اس نے اللہ سے دعا کی'' اے اللہ جس طرح تو چاہے مجھے اس سے نجات دے''. اس دعا کے ساتھ ہی پہاڑ ہلا اور سب سپاہی لڑھک گئے. صرف وہی بچہ ہی باقی بچا رہا. وہاں سے بادشاہ کے پاس گیا. بادشاہ نے کہا یہ کیا ہوا میرے سب سپاہی کہاں ہیں؟

بچے نے کہا: ''اللہ نے مجھے بچالیا وہ سب ہلاک ہوگئے''

بادشاہ نے اپنے دوسرے سپاہیوں کو حکم دیا کہ اسے کشتی میں بٹھا کر لے جاؤ اور سمندر میں پھینک آؤ یہ لوگ اسے لے کر چلے. بیچ سمندر کے پہنچ کر جب اسے پھینکنا چاہا تو پھر وہی دعا کی'' اے اللہ جس طرح تو چاہے مجھے ان سے بچا''. دعا کے ساتھ ہی موج اٹھی اور سارے کے سارے سپاہی سمندر میں ڈوب گئے. صرف وہی بچہ باقی بچا. پھر وہ بادشاہ کے پاس آیا اور کہنے لگا: '' میرے رب نے مجھے بچالیا اور اے بادشاہ تو چاہے کتنی تدبیریں بھی کرلے تو مجھے ہلاک نہیں کرسکتا صرف ایک صورت ہے جس طرح میں کہوں اگر تو اس طرح کرے تو میری جان نکل سکتی ہے. اس بچے نے کہا تمام لوگوں کو ایک میدان میں اکٹھا کرو اور پھر کھجور کے تنے پر مجھے سولی چڑھا اور میرے تیر کو میری کمان پر چڑھا اور'' بسم اللّٰه رب هذا الغلام ''(یعنی اللہ کے نام سے جو اس بچے کا رب ہے). پڑھ کر تیر میری طرف پھینک وہ مجھے لگے گا اور میں مرجاؤں گا. بادشاہ نے یہی کیا. تیر بچے کی کنپٹی میں لگا. اس نے اپنا ہاتھ اس جگہ رکھ لیا. چاروں طرف سے یہ آوازیں بلند ہونے لگیں. ہم اس بچے کے رب پر ایمان لائے. یہ حال دیکھ کر بادشاہ کے ساتھی بڑے گھبرائے اور کہنے لگے: ہم تو اس بچے کی ترکیب سمجھے ہی نہیں. دیکھئے اس کا اثر کیا پڑا سب لوگ دین اسلام میں داخل ہوگئے.

ہم نے تو اسے اس لئے قتل کیا تھا کہ کہیں اس کا مذہب پھیل نہ جائے لیکن جو ڈر تھا سامنے آ ہی گیا اور سب مسلمان ہوگئے. بادشاہ نے کہا اچھا یہ کرو کہ تمام محلوں اور راستوں میں خندقیں کھدواؤ ان میں لکڑیاں بھرو اور آگ لگا دو جو اس دین سے پھر جائے چھوڑ دو اور دوسرے کو اس میں پھینک دو. مسلمانوں نے صبر شکیب اور سہارے کے ساتھ آگ میں جلنا منظور کیا اور اس میں کودنے لگے البتہ ایک عورت جس کی گود میں دودھ پیتا چھوٹا سا بچہ تھا. ذرا جھجکی تو اس بچے کو اللہ نے بولنے کی طاقت دی اس نے کہا اماں کیا کررہی ہے تم تو حق پر ہو، صبر کرو اور اس میں کود پڑو.

(ریاض الصالحین)

قرآن میں سورۃ البروج کے اندر اس واقعہ پر اللہ رب العزت نے رشنی ڈالی ہے.

('' صحیح اسلامی واقعات''، صفحہ نمبر 65-70)

واقعہ نمبر. 26

جنت کی بشارت سن کر انگوروں کا گچھا پھینک دیا

ایک انصاری نے رسول اللہ صلی اللہ علیہ وسلم کو یہ الفاظ کہتے ہوئے سن لیا کہ جو کوئی آج اللہ کی راہ میں شہید ہوا اس کیلئے جنت واجب ہے. ان کے ہاتھ میں انگوروں کا گچھا تھا، انگور کھا رہے تھے. انہوں نے حضور صلی اللہ علیہ وسلم کے ارشاد کو سنا اور پھر انگوروں کی طرف دیکھا اور کہا: ''اوہ! یہ انگور تو بہت ہیں. ان کے ختم ہونے میں بہت دیر لگے گی. میں جنت میں جانے سے اتنی دیر کیوں کروں؟'' یہ کہہ کر انگور پھینک دیئے. آگے بڑھے اور اپنا فرض ادا

کرتے ہوئے فردوس کو سدھار گئے.

(''صحیح اسلامی واقعات''، صفحہ نمبر 72-73)

قارئین!!اس کو کہتے ہیں ایمان کی قوت. اس صحابی کو حضور صلی اللہ علیہ وسلم کی بات پر اتنا کامل یقین تھا کہ بغیر سوچے جہاد کے میدان میں کود پڑے اور جام شہادت نوش کر کے تاریخ اسلام میں اتباع رسول صلی اللہ علیہ وسلم کی زندہ مثال پیش کر گئے. رضی اللہ عنہ

واقعہ نمبر. 27

دو ننھے مجاہدوں کا ابوجہل کو قتل کرنا

سیدنا عبدالرحمٰن بن عوف رضی اللہ عنہ کہتے ہیں کہ صف بندی (غزوہ بدر) میں میرے دائیں بائیں نوجوان لڑکے تھے. میں نے دل میں کہا کہ میرے برابر کوئی آزمودہ کار ہوتا تو خوب ہوتا. یہ دونوں نوجوان معاذ رضی اللہ عنہ اور معوذ رضی اللہ عنہ تھے. ایک نے چھپکے سے مجھے کہا کہ چچا آپ ابوجہل کو جانتے ہیں. جب ہمارے سامنے آئے تو مجھے بتانا. دوسرے نے بھی یہی بات آہستہ پوچھی. میں نے کہا تم کیا کرو گے اگر اسے دیکھ لو؟ انہوں نے کہا ہم نے سنا ہے کہ وہ رسول اللہ صلی اللہ علیہ وسلم کو گالیاں دیتا ہے. ہم نے عہد کر لیا ہے کہ سے ضرور قتل کریں گے یا اپنی جان دے دیں گے. اتنے میں ابوجہل چکر لگاتا ہوا لشکر کے سامنے آیا. میں نے دونوں لڑکوں سے کہا، دیکھو ابوجہل وہ ہے یہ سنتے ہی وہ دونوں ایسے جھپٹے جیسے شہباز کوے پر گرا کرتا ہے. دونوں نے اپنی اپنی تلواریں اس کے پیٹ میں بھونپ دیں. وہ گر پڑا. جان توڑ رہا تھا کہ ابن مسعود رضی اللہ عنہ بھی پہنچ گئے. انہوں نے اس کی چھاتی پر پاؤں رکھ سر کاٹا اور داڑھی سے پکڑ کر سر اٹھا لیا. آپ صلی اللہ علیہ وسلم نے ہر سہ کی خدمات کو منظور فرمایا

(''صحیح اسلامی واقعات''، صفحہ نمبر 73-74)

واقعہ نمبر. 28

ایک شہید کی آرزو

حضرت سعد بن ابی وقاص رضی اللہ عنہ کہتے ہیں کہ جنگ احد سے پہلے مجھ سے عبداللہ رضی اللہ عنہ نے کہا آؤ ہم اللہ سے اپنی اپنی آرزوؤں کی دعا کریں. میں نے کہا، اچھا. ہم ایک کنارہ ہو گئے. پہلے میں نے دعا کی. الٰہی جب کل دشمن سے میرا مقابلہ ہو تو میرا مقابلہ ایسے شخص سے ہو جو حملہ میں بھی سخت ہو اور مدافعت میں بھی پورا ہو میں اور وہ لڑیں. میرا لڑنا تیرے لئے ہو پھر مجھے فتح ہو، میں اسے قتل کر دوں اور اس کا سامان لے لوں. میری اس دعا پر عبداللہ رضی اللہ عنہ نے کہا آمین. پھر عبداللہ رضی اللہ عنہ نے اپنے لئے دعا کی.

الٰہی کل ایسے مرد سے جوڑ ہو، جو حملہ اور مدافعت میں کامل ہو. ہم دونوں لڑیں، میرا لڑنا تیری راہ میں ہو پھر وہ مجھے قتل کر ڈالے. پھر میری ناک اور کان کاٹ ڈالے. پھر جب میں تیرے سامنے حاضر ہوں تو تو دریافت فرمائے کہ عبداللہ تیری ناک اور کان کیوں کاٹے گئے؟ تب میں عرض کروں تیری راہ میں اور تیرے رسول صلی اللہ علیہ وسلم کی راہ میں. تب تو فرمائے کہ ہاں تو سچ کہتا ہے.

سعد رضی اللہ عنہ کا قول ہے کہ عبداللہ رضی اللہ عنہ کی دعا میری دعا سے بہتر تھی. چنانچہ یہ بزرگوار اسی کیفیت سے شہید ہوئے.

(رحمۃ للعالمین ج 2)

(''صحیح اسلامی واقعات''، صفحہ نمبر 74-75)

واقعہ نمبر. 29

جنگ احد کا ایک شہید

میدان احد میں جنگ جاری تھی اور لاشیں خاک وخون میں تڑپ رہی تھیں. عالم یہ تھا کہ بڑے بڑے جلیل القدر صحابی حملہ کی تاب نہ لا کر پیچھے ہٹ رہے تھے اور میدان خالی ہو رہا تھا. انس بن نظر میدان میں کھڑے یہ کہہ رہے تھے. اے اللہ میں مسلمانوں کے اس فرار کی معذرت تیری بارگاہ میں پیش کرتا ہوں اور کفار کی اس سرکشی اور عدوان سے اظہار برات کرتا ہوں. شمشیر ہاتھ میں تھی جسے لے کر آگے بڑھے سامنے سعید بن معاذ رضی اللہ عنہ ملے. بولے اے سعید دیکھو سامنے جنت ہے، رب کعبہ کی قسم! مجھے کوہ احد کی طرف سے جنت کی خوشبو آ رہی ہے. سعید رضی اللہ عنہ کہتے ہیں میں تو یہ والہانہ گفتگوں سن کر بے قرار ہو گیا. جس وقت پیغمبر اسلام صلی اللہ علیہ وسلم کی شہادت کی غلط خبر صحابہ کرام رضوان اللہ اجمعین میں پہنچی تو سب کی ہمتیں چھوٹ گئی تھیں. بڑے بڑے کبار صحابی تلواریں پھینک کر بیٹھ گئے. انس رضی اللہ عنہ بن نظر نے شکستہ دل صحابی کی ایک جماعت بیٹھی ہوئی دیکھ کر فرمایا کیا حال ہے. سب نے جواب دیا رہبر عالم نے رہے تو ہم کس پر فدا ہوں. انس رضی اللہ عنہ بن نظر نے جوش میں آ کر کہا: اے لوگو! تم بھی اس کام پر قربان ہو جاؤ جس پر اللہ کے رسول صلی اللہ علیہ وسلم قربان ہو گئے یہ کہہ کر مشرکین کی صفوں کی طرف بڑھے اور بے شمار کفار کو داخل فی النار کر دیا اور خود بھی سخت مقابلے کے بعد شہید ہو گئے.

راوی بیان کرتے ہیں کہ جب لاشوں کو جمع کیا گیا تو اسی (80) سے زیادہ زخم آپ کے جسم مبارک پر تھے کسی سے پہچانے نہیں جاتے تھے. ہمشیرہ نے انگلیوں کے پوروں سے شناخت کیا کہ یہ میرے بھائی کی لاش ہے. رضی اللہ تعالیٰ عنہ.

(شہدائے احد)

(''صحیح اسلامی واقعات''، صفحہ نمبر 75-77)

واقعہ نمبر. 30

نکل جائے دم تیرے قدموں کے نیچے

عمارہ رضی اللہ عنہ زیادہ زخموں سے چور جان کنی کی حالات میں تھے کہ آنحضرت صلی اللہ علیہ وسلم سرہانے پہنچ گئے فرمایا کوئی آرزو ہو تو کہو. عمارہ رضی اللہ عنہ نے اپنا زخمی جسم گھسیٹ کر آپؐ کے قریب کر دیا اور اپنا سر آپؐ کے قدموں پر رکھ کر عرض کیا:

اگر کوئی آرزو ہو سکتی ہے تو صرف یہی ہے.

گلستان میں جا کر ہر گل کو دیکھا نہ تیری سی رنگت نہ تیری سے بوُ ہے
نکل جائے دم تیرے قدموں کے نیچے یہی دل کی خواہش یہی آرزُو ہے.

(ترجمان القرآن)

(''صحیح اسلامی واقعات''، صفحہ نمبر 77)

اللہ تعالیٰ ہمیں بھی محبت رسول صلی اللہ علیہ وسلم کی اتباع کا ایسا جذبہ عطا کرے. آمین

واقعہ نمبر. 31

بوقت شہادت ایک صحابی رضی اللہ عنہ کی آرزُو

جنگ احد میں سعد رضی اللہ عنہ بن ربیع کو لوگوں نے دیکھا زخموں میں پڑے سانس توڑ رہے ہیں. پوچھا کوئی وصیت کرنی ہو تو کرو. کہا اللہ کے رسول صلی اللہ علیہ وسلم کو میرا اسلام پہنچا دینا اور قوم سے کہنا ان کی راہ میں جانیں نثار کرتے رہیں.

(ترجمان القرآن)

(''صحیح اسلامی واقعات''،صفحہ نمبر 77)

اللہ تعالیٰ ان جیسے بہادروں کو محبوبین دین کو آج بھی پیدا کرے۔ یقیناً دین پر ایسا مر کٹنے کا جذبہ جب ہم میں موجود ہوگا تو کفار ہمیں کبھی شکست سے دوچار نہیں کر سکتے۔ اللہ تعالیٰ ہمیں اپنے دین پر قربان کرے۔ آمین

واقعہ نمبر۔32

جنگ یرموک کا ایک واقعہ

حضرت ابوجہم بن حذیفہ رضی اللہ عنہ کہتے ہیں کہ میں یرموک کی لڑائی میں اپنے چچازاد بھائی کی تلاش میں نکلا کہ وہ لڑائی میں شریک تھے اور ایک مشکیزہ پانی کا میں نے اپنے ساتھ لیا کہ ممکن ہے وہ پیاسے ہو تو پانی پلاؤں۔ اتفاق سے وہ ایک جگہ اس حالت میں پڑے ہوئے تھے کہ دم توڑ رہے تھے اور جان کنی شروع تھی۔ میں نے کہا پانی کا گھونٹ دوں۔ انہوں نے اشارہ سے ہاں کی۔ اتنے میں دوسرے صاحب نے جو قریب ہی پڑے تھے اور مرنے کے قریب تھے، آہ کی میرے چچازاد بھائی نے آواز سنی تو مجھے ان کے پاس جانے کا اشارہ کیا۔ میں ان کے پاس پانی لے کر گیا وہ ہشام بن ابی العاص تھے، ان کے پاس پہنچا ہی تھا کہ ان کے قریب اسی حالت میں ایک تیسرے صاحب دم توڑ رہے تھے، انھوں نے آہ کی، ہشام نے مجھے ان کے پاس جانے کا اشارہ کر دیا۔ میں ان کے پاس پانی لے کر پہنچا تو ان کا دم نکل چکا تھا میں ہشام کے پاس آیا تو وہ بھی جاں بحق ہو چکے تھے۔ ان کے پاس سے اپنے بھائی کے پاس لوٹا تو اتنے میں وہ بھی اس دنیا سے رخصت ہو چکے تھے۔

(ابن کثیرؒ)

(''صحیح اسلامی واقعات''،صفحہ نمبر 78)

واقعہ نمبر۔33

چاروں شہید بیٹوں کی ماں

دنیا میں شاید ہی کسی عورت کے دل میں اپنے عزیزوں کے لئے ایسی محبت پیدا ہوگی جیسی جاہلیت کی مشہور شاعرہ خنساء کے دل میں تھی اس نے جو مرثیے اپنے بھائی صخر کے غم میں کہے ہیں تمام دنیا کی شاعری میں اپنی نظیر نہیں رکھتے۔

يذكرنى طلوع الشمس صخرا وأذكره بكل غروب الشمس

''ہر صبح سورج کا نکلنا صخر کی یاد تازہ کر دیتا ہے اور کوئی شام مجھ پر ایسی نہیں آئی کہ صخر کی یاد سامنے نہ آ گئی ہو۔''

لیکن ایمان لانے کے بعد اسی خنساء کی نفسیاتی حالت ایسی منقلب ہوگئی کہ جنگ یرموک میں اپنے تمام لڑکے ایک ایک کر کے کٹوا دیئے اور جب آخری لڑکا بھی شہید ہو چکا تو پکار اٹھی:

الحمد لله الذى اكرمنى بشهادتهم

تمام تعریفیں اللہ کیلئے ہیں جس نے مجھے ان (بیٹوں) کی شہادت پر عزت بخشی

(ترجمان القرآن)

(''صحیح اسلامی واقعات''،صفحہ نمبر 79)

الحمدللہ آج بھی ایسی مائیں کشمیر، فلسطین، شیشان، افغانستان اور عراق میں موجود ہیں جنہوں نے اپنے جگر گوشوں کو اللہ تعالیٰ کی رضا کیلئے ہمیشہ کیلئے جدا کر لیا۔ اللہ تعالیٰ ہمیں ایمان کی ایسی حلاوت نصیب کرے اور دین پر کٹ مرنے کا جذبہ عطا کرے۔ آمین

واقعہ نمبر. 34

ابوجندل رضی اللہ عنہ کفار مکہ کی قید میں

حضرت ابوجندل رضی اللہ عنہ مکہ میں مسلمان ہوگیا تھا قریش نے اسے قید کر رکھا تھا. صلح حدیبیہ کے موقع پر وہ موقع پا کر زنجیروں سمیت ہی بھاگ کر لشکر اسلامی میں پہنچ گیا. سہیل جو کہ قریش کا وکیل تھا اس نے کہا: اے محمد (صلی اللہ علیہ وسلم)! معاہدے کے مطابق ابوجندل کو ہمارے حوالے کیا جائے. نبی کریم صلی اللہ علیہ وسلم نے فرمایا کہ جب تک عہدنامہ مکمل نہ ہوجائے اس کی شرائط پر عمل نہیں ہوسکتا.

سہیل نے بگڑ کر کہا کہ تب ہم صلح ہی نہیں کرتے. نبی صلی اللہ علیہ وسلم نے حکم دیا اور ابوجندل کو قریش کے سپرد کیا گیا. قریش نے مسلمانوں کے کیمپ میں اس کی مشکیں باندیں، پاؤں میں زنجیر ڈالی اور کشاں کشاں لے گئے. نبی صلی اللہ علیہ وسلم نے جاتے وقت اس قدر فرمادیا تھا کہ ابوجندل! اللہ تیری کشائش کے لئے کوئی سبیل نکال دے گا.

ابوجندل رضی اللہ عنہ کی ذلت اور قریش کا ظلم دیکھ کر مسلمانوں کے اندر جوش اور طیش تو پیدا ہوا مگر نبی صلی اللہ علیہ وسلم کا حکم سمجھ کر ضبط کر گئے. ابوجندل رضی اللہ عنہ نے زندان مکہ میں پہنچ کر دین حق کی تبلیغ شروع کردی. جو کوئی اس کی نگرانی پر مامور ہوتا وہ اسے توحید کی خوبیاں سناتا. اللہ کی عظمت و جلال بیان کرکے ایمان کی ہدایت کرتا. اللہ کی قدرت کہ ابوجندل رضی اللہ عنہ اپنے سچے ارادے اور سعی میں کامیاب ہوجاتا اور وہ شخص مسلمان ہوجاتا، قریش اس دوسرے ایمان لانے والے کو بھی قید کردیتے. اب یہ دونوں مل کر تبلیغ کا کام اسی قید خانہ میں کرتے. الغرض اس طرح ایک ابوجندل رضی اللہ عنہ کے قید ہوکر مکہ پہنچ جانے کا نتیجہ یہ ہوا کہ ایک سال کے اندر قریباً تین سو اشخاص ایمان لے آئے.

(سیرت ابن ہشام)

(''صحیح اسلامی واقعات''، صفحہ نمبر 90-91)

قارئین!! نبی کریم صلی اللہ علیہ وسلم نے وقتی طور پر ابوجندل رضی اللہ عنہ کو کفار کے حوالے کرنے کا جو فیصلہ کیا تھا بظاہر وہ صحیح نہیں لگتا تھا لیکن اس کا کتنا فائدہ ہوا کہ ابوجندل رضی اللہ عنہ کی وجہ سے تین سو اشخاص نے اسلام قبول کیا. حقیقت میں نبی کریم صلی اللہ علیہ وسلم کا ہر بتایا ہوا طریقہ کامیابی کی شاہراہ پر انسان کو چلنے پھرنے کے قابل بنادیتا ہے. اللہ ہمیں اتباع رسول صلی اللہ علیہ وسلم کی توفیق دے. آمین

واقعہ نمبر. 35

حضرت کعب بن مالک رضی اللہ عنہ کا امتحان

(غزوہ تبوک میں جہاد کی شرکت سے رہ جانے والے صحابی کی دل کو ہلا دینی والی سچی داستان)

حضرت کعب بن مالک رضی اللہ عنہ تعالیٰ کا واقعہ بے انتہا دلچسپ اور رقت آمیز ہے. یہ انہوں نے اس وقت خود ہی بیان فرمایا جب بوڑھے اور بینائی سے محروم ہوچکے تھے.

فرماتے ہیں میرا واقعہ یہ ہے کہ جس زمانہ میں شرکت تبوک سے پیچھے رہ گیا اس وقت میں انتہائی خوش حالی میں تھا. اس سے پہلے دو سواریاں میرے پاس کبھی جمع نہیں ہوئی تھیں اور اس جنگ میں تو دو سواریاں بھی میں نے خرید رکھی تھیں.

رسول اللہ صلی اللہ علیہ وسلم جب کسی جنگ کا ارادہ فرماتے تو عام طور پر اس خبر کو پھیلنے نہ دیتے. جب یہ جنگ ہوئی تو سخت گرمی کا زمانہ تھا. دور دراز اور جنگلوں کا سفر درپیش تھا اور کثیر التعداد دشمن سے سامنا تھا. نبی صلی اللہ علیہ وسلم نے اپنے امور میں مسلمانوں کو آزاد کر رکھا تھا کہ جس طرح چاہیں دشمن کے مقابلے کی تیاری کرلیں اور اپنا ارادہ مسلمانوں پر ظاہر فرمادیا تھا. اور مسلمان آنحضرت صلی اللہ علیہ وسلم کے ساتھ اس کثیر تعداد میں تھے کہ ان کا اندراج

رجسٹر پر نہ ہوسکتا تھا.کعب رضی اللہ عنہ تعالیٰ کہتے ہیں کہ بہت کم ایسے لوگ ہوں گے کہ جن کی غیر حاضری کا حضرت صلی اللہ علیہ وسلم کو علم ہوسکتا تھا بلکہ گمان تھا کہ کثرت لشکر کی وجہ سے غائب رہنے کا حضرت صلی اللہ علیہ وسلم کو علم بھی نہ ہوسکے گا جب تک اللہ تعالیٰ کی طرف سے بذریعہ وحی علم نہ ہوجائے. یہ لڑائی جس وقت ہوئی وہ زمانہ پھلوں کے پکنے کا تھا.سایہ گستری بار آوری اور خنکی کا موسم تھا ایسے زمانہ میں میری طبیعت آرام طلبی اور راحت گیری کی طرف بہت مائل ہوگئی.رسول اللہ صلی اللہ علیہ وسلم نے اور مسلمانوں نے تیاریاں شروع کردیں.میں صبح اٹھ کر جہاد کی تیاری کے لئے باہر نکلتا لیکن خالی ہاتھ واپس ہوتا.تیاری اور اسباب سفر کی خریداری وغیرہ کچھ نہ کرتا.دل بہلا لیتا کہ جب میں چاہوں گا دم بھر میں تیاری کرلوں گا.دن گزرتے چلے گئے.لوگوں نے تیاریاں مکمل کرلیں حتی کہ رسول اللہ صلی اللہ علیہ وسلم اور ان کے ساتھ مسلمان جہاد کیلئے روانہ ہوگئے.میں نے دل میں کہا کہ ایک دو دن بعد تیاری کر کے میں بھی مل جاؤں گا.اس عرصہ میں مسلمانوں کا لشکر بہت دور جاچکا تھا میں تیاری کیلئے باہر نکلا، لیکن پھر بغیر تیاری کے واپس آ گیا حتی کہ ہر روز یہی ہوتا رہا دن نکل گئے. لشکر تبوک پہنچ گیا.اب میں نے کوچ کا ارادہ کرلیا کہ جلدی سے پہنچ کر آپ صلی اللہ علیہ وسلم کے ساتھ شامل ہوجاؤں.کاش اب بھی کوچ کر جاتا.لیکن آخرکار یہ بھی نہ ہوسکا.اب رسول اللہ صلی اللہ علیہ کے تشریف لے جانے کے بعد جب کبھی میں بازار میں نکلتا تو مجھے یہ دیکھ کر بڑا دکھ ہوتا کہ جو مسلمان نظر آتا ہے اس پر یا تو نفاق کی پھٹکار نظر آتی ہے یا ایسے مسلمان دکھائی دیتے ہیں جو واقعی اللہ کی طرف سے معذور لنگڑے لولے تھے.جب رسول اللہ صلی اللہ علیہ وسلم تبوک پہنچ چکے تو مجھے یاد فرمایا اور پوچھا کعب بن مالک کیا کر رہا ہے تو بنی سلم کے ایک شخص نے عرض کی: یارسول اللہ صلی اللہ علیہ وسلم !اس کو خوش عیشی اور آرام طلبی نے مدینے ہی میں روک لیا ہے تو معاذ بن جبل رضی اللہ عنہ نے کہا تم نے غلط خیال قائم کیا ہے یارسول اللہ صلی اللہ علیہ وسلم !اس میں تو بھلائی اور نیکی کے سوا کچھ نہیں.رسول اللہ صلی اللہ علیہ وسلم یہ سن کر خاموش رہے اور جب رسول اللہ صلی اللہ علیہ وسلم تبوک سے واپس تشریف لانے لگے تو میں سخت پریشان تھا کہ اب کیا کروں؟ میں غلط حیلے سوچنے لگا تا کہ آپ صلی اللہ علیہ وسلم کے عتاب سے محفوظ رہ سکوں. چنانچہ ہر ایک سے رائے لینے لگا.اور جب معلوم ہوا کہ آپ صلی اللہ علیہ وسلم تشریف لا چکے ہیں تو اب غلط سوچ و بچار سے دستبردار ہوگیا.اب میں نے اچھی طرح معلوم کرلیا کہ میں کسی طرح بھی نہیں بچ سکتا. چنانچہ میں نے سچ سچ کہنے کا ارادہ کرلیا.نبی صلی اللہ علیہ وسلم جب سفر سے واپس آئے تو سب سے پہلے مسجد گئے.دو رکعت نماز پڑھی، پھر لوگوں کے ساتھ مجلس کی.اب جنگ میں شریک نہ ہونے والے آ آ کر عذر و معذرت کرنے لگے اور قسمیں کھانے لگے.ایسے لوگوں کی تعداد اسی (80) سے کچھ اوپر تھی. نبی صلی اللہ علیہ وسلم بحکم ظاہر ان کی بات قبول کیے جا رہے تھے اور ان کی کوتاہیوں کے لئے طلب مغفرت کر رہے تھے.میری باری آئی میں نے آ کر سلام عرض کیا.آپ صلی اللہ علیہ وسلم نے فرمایا یہاں آؤ، میں سامنے جا بیٹھا.مجھ سے فرمایا: تم کیوں رکے رہے؟ کیا تم نے تیاری جہاد کیلئے خریداری نہیں کرلی تھی؟ میں نے کہا: یارسول اللہ صلی للہ علیہ وسلم !اگر میں اس وقت آپؐ کے سوا کسی اور سے بات کرتا تو صاف صاف بری ہوجاتا کیوں کہ مجھے بحث و تکرار اور معذرت کرنا خوب آتا ہے لیکن اللہ کی قسم میں جانتا ہوں کہ اس وقت تو جھوٹی بات بنا کر میں آپ کو راضی کرلوں گا لیکن بہت جلد ہی اللہ آپ کو مجھ سے ناراض کردے گا اور اگر میں سچ سچ کہہ دیا تو حسین عاقبت کی مجھے اللہ کی طرف سے امید ہوسکتی ہے. یارسول اللہ صلی اللہ علیہ وسلم !اللہ کی قسم میں کوئی معقول عذر نہیں رکھتا تھا.میرے پاس عدم شرکت جنگ کا درحقیقت کوئی حیلہ نہیں.تو آپ صلی اللہ علیہ وسلم نے فرمایا! ہاں یہ تو سچ کہتا ہے.اچھا اب تم چلے جاؤ اور انتظار کرو کہ اللہ تعالیٰ تمہارے بارے میں کیا حکم فرماتا ہے چنانچہ میں چلا گیا. بنی سلمہ کے لوگ بھی میرے ساتھ اٹھے اور ساتھ ہولئے.اور کہنے لگے: اللہ کی قسم ہم نے تمہیں پہلے کوئی خطا کرتے نہیں دیکھا ہے دوسرے لوگوں نے جیسے عذرات پیش کردیئے تم نے حضور صلی اللہ علیہ وسلم کے سامنے کچھ بھی عذر نہیں کیا.ورنہ نبی کریم صلی اللہ علیہ وسلم نے دوسروں کیلئے جیسے استغفار کیا تھا تمہارے لئے بھی حضرت صلی اللہ علیہ وسلم کا یہ استغفار کافی ہوتا.غرض کہ لوگوں نے اس بات پر اس قدر زور دیا کہ میں نے ایک بار یہ ارادہ کرہی لیا کہ پھر واپس جاؤں اور کوئی عذر تراش دوں.لیکن میں نے لوگوں سے دریافت کیا کہ میری طرح کیا کسی اور کی بھی صورت حال ہے.کہا ہاں تمہاری طرح کے اور دو آدمی ہیں.جنہوں نے سچ سچ کہہ دیا ہے میں نے پوچھا وہ کون ہیں؟ کہا گیا

مرارہ بن الربیع العامری اور ہلال بن امیہ الواقفی .کہا گیا یہ دونوں مرد صالح ہیں، بدر میں شریک تھے .اب میرے سامنے ان کا نقش قدم تھا اسے لئے میں دوبارہ رسول اللہ صلی اللہ علیہ وسلم کے پاس نہ گیا .اب معلوم ہوا کہ رسول اللہ صلی اللہ علیہ وسلم نے ہم تینوں سے سلام کلام کرنے سے لوگوں کو ممانعت کر دی ہے اور لوگوں نے ہمارا بالکل بائیکاٹ کر دیا ہے اور ہم ایسے بدل گئے کہ زمین پر رہنا ہمیں بوجھ معلوم ہونے لگا .ہم پر اس ترک تعلقات کے پچاس دن گزر گئے ان دونوں نے تو منہ چھپا کر خانہ نشینی ہی اختیار کر لی، روتے پیٹتے رہے میں ذرا سخت مزاج تھا .قوت برداشت تھی، جا کر جماعت کے ساتھ برابر نماز پڑھتا تھا. بازاروں میں گھومتا تھا لیکن مجھ سے کوئی بولتا نہ تھا .رسول اللہ صلی اللہ علیہ وسلم کے پاس آتا .رسول اللہ صلی اللہ علیہ وسلم تشریف فرما رہتے .میں سلام کرتا اور دیکھتا کہ جواب سلام کے لئے حضرت محمد رسول اللہ صلی اللہ علیہ وسلم کے ہونٹ ہلتے کہ نہیں، پھر آپ صلی اللہ علیہ وسلم کے قریب ہی نماز پڑھ لیتا. کنکھیوں سے آپ صلی اللہ علیہ وسلم کو دیکھتا، میں نماز پڑھنے لگتا تو آپ صلی اللہ علیہ وسلم مجھے دیکھتے .میں آپ صلی اللہ علیہ وسلم کی طرف متوجہ ہو جاتا تو نظر پھیر لیتے .جب اس بائیکاٹ کی مدت لمبی ہوتی گئی تو میں ابوقتادہ رضی اللہ عنہ کے باغ کی دیوار پھاند کر ان کے یہاں گیا وہ میرے چچازاد بھائی تھے .میں انہیں بہت چاہتا تھا سلام کیا واللہ انہوں نے جواب نہ دیا .میں نے کہا اے ابوقتادہ! تمہیں اللہ کی قسم کیا تم نہیں جانتے میں اللہ کو اور رسول اللہ صلی اللہ علیہ وسلم کو دوست رکھتا ہوں .وہ سن کر خاموش ہو گئے .میں نے اللہ کی قسم دے کر بات کی پھر کچھ نہ بولے، میں نے پھر قسم دی کچھ بھی نہ کہا، لیکن انجان پن سے بولے .اللہ اور اس کو رسول صلی اللہ علیہ وسلم کو علم ہے میں پھوٹ پھوٹ کر رونے لگا، پھر دیوار پھاند کر واپس ہو گیا.

ایک دن بازار مدینہ میں گھوم رہا تھا کہ شام کا ایک قبطی جو مدینہ کے بازار میں کھانے کی کچھ چیزیں بیچ رہا تھا، لوگوں سے کہنے لگا کہ کعب بن مالک رضی اللہ عنہ کا کوئی پتہ دے .لوگوں نے میری طرف اشارہ کر دیا وہ میرے پاس آیا اور شاہ غسان کا ایک مکتوب میرے حوالے کیا. چونکہ میں پڑھا لکھا تھا، پڑھا تو لکھا تھا کہ:

''ہمیں اطلاع ملی ہے کہ تمہارے آقا (رسول اللہ صلی اللہ علیہ وسلم) نے تم پر سختی کی ہے .اللہ نے تمہیں کوئی معمولی آدمی تو نہیں بنایا ہے تم کوئی گرے پڑے نہیں ہو تم ہمارے پاس آ جاؤ، ہم تمہیں نوازدیں گے.''

میں نے یہ پڑھ کر کہا: میرے اللہ! یہ تو نئی مصیبت آ پڑی .میں نے اس مکتوب کو آگ میں جھونک دیا اور جب پچاس میں چالیس دن گزر گئے تو رسول اللہ صلی اللہ علیہ وسلم کا ایک قاصد میرے پاس آیا اور کہا حضرت محمد رسول اللہ صلی اللہ علیہ وسلم نے حکم دیا ہے کہ اپنی عورت سے علیحدہ ہو .میں نے پوچھا کیا حکم ہے کہ طلاق دوں؟ کہا نہیں صرف الگ رہو، قربت نہ کرنا، کہا کہ دوسرے دونوں کے بارے میں بھی یہی حکم ہوا ہے. چنانچہ میں نے اپنی عورت سے کہہ دیا کہ میکے چلی جاؤ حتی کہ اللہ کا کوئی حکم پہنچے. ہلال بن امیہ رضی اللہ عنہ کی بیوی نبی کریم صلی اللہ علیہ وسلم کے پاس آئی اور عرض کرنے لگی یا رسول اللہ صلی اللہ علیہ وسلم! ہلال ایک شیخ ضعیف ہے اس کی خدمت کیلئے کوئی آدمی نہیں .اگر میں ان کی خدمت میں لگی رہوں تو آپ صلی اللہ علیہ وسلم نامنظور تو نہ کریں گے .رسول اللہ صلی اللہ علیہ وسلم نے فرمایا کہ اچھا لیکن وہ تم سے قربت نہ کرے کہنے لگی اس غریب کو تو ہلنا جلنا مشکل ہو گیا ہے .آپ صلی اللہ علیہ وسلم کی ناراضی کے دن سے آج تک لگا تار روتا رہتا ہے .میرے گھر والوں میں سے ایک نے کہا تم بھی رسول اللہ صلی اللہ علیہ وسلم سے اپنی بیوی سے خدمت لینے کی اجازت حاصل کر لو جیسے کہ ہلال کو اجازت مل گئی .میں نے کہا اللہ کی قسم میں اس بات کی حضرت محمد رسول اللہ صلی اللہ علیہ وسلم سے درخواست نہ کروں گا. نہ معلوم حضور صلی اللہ علیہ وسلم کیا فرمائیں گے، میں نوجوان آدمی ہوں مجھے کسی سے درخواست لینے کی ضرورت نہیں .اب ہم نے مزید دس دن گزارے اور لوگوں کے قطع تعلق کو پچاس دن گزر گئے. پچاسویں دن کی صبح اپنے گھر کی چھت پر صبح کی نماز پڑھ کر میں اس حال میں بیٹھا ہوا تھا جیسا کہ اللہ تعالی نے اپنے کلام مجید میں فرمایا ہے یعنی میری جان مجھ پر بھاری معلوم ہو رہی تھی. یہ وسیع دنیا مجھے تنگ محسوس ہو رہی تھی کہ سلع پہاڑی پر سے ایک پکارنے والے کی آواز میرے کان میں پڑی کہ وہ بلند آواز میں چیخ رہا تھا کہ ''اے کعب بن مالک! خوش ہو جاؤ.'' یہ سنتے ہی میں سجدے میں گر پڑا اور سمجھ گیا کہ اللہ نے میری

توبہ قبول کرلی.مصیبت کا زمانہ گزر گیا.صبح کی نماز پڑھنے کے بعد رسول اللہ صلی اللہ علیہ وسلم نے اطلاع سنا دی، کہ اللہ تعالیٰ نے ان تینوں کی توبہ قبول کرلی ہے.لوگ ہمیں خوشخبری دینے کیلئے دوڑے.ان دونوں کے پاس بھی گئے اور میرے پاس بھی ایک سوار تیز گھوڑا دوڑاتا ہوا آیا.لیکن پہاڑی پر چڑھ کر آواز دینے والا زیادہ کامیاب رہا کہ جلد تر مجھے خبرل گئی کیوں کہ گھوڑے کی رفتار سے آواز کی رفتار تیز تر ہوتی ہے. چنانچہ جب وہ شخص مجھ سے ملا جس کی آواز میں نے سنی تھی تو اس خوشخبری دینے کے صلے میں اپنے کپڑے اتار کر میں نے اسے پہنا دیئے.واللہ میرے پاس اس وقت دوسرا جوڑا نہیں تھا میں نے اپنے لئے مستعار (تیار شدہ) کپڑے لے کر پہن لئے. میں رسول اللہ صلی اللہ علیہ وسلم کے پاس جانے کے ارادے سے نکلا.لوگ مجھے راہ میں جوق در جوق ملتے اور مبارک باد دیتے جاتے. میں مسجد میں داخل ہوا تو نبی کریم صلی اللہ علیہ وسلم لوگوں کے درمیان بیٹھے ہوئے تھے. مجھے دیکھتے ہی طلحہ بن عبیداللہ دوڑ پڑے، مجھ سے مصافحہ کرکے مبارک باد دی.مہاجرین میں سے کسی نے ان کے سوا یہ اقدام نہیں کیا.کعب رضی اللہ عنہ نے طلحہ رضی اللہ عنہ کے اس خلوص کو کبھی فراموش نہیں کیا.میں نے آکر رسول اللہ صلی اللہ علیہ وسلم کو سلام کیا.آپ صلی اللہ علیہ وسلم کا چہرہ (مبارک) خوشی سے چمک اٹھا.کہنے لگے: خوش ہو جاؤ جب سے تم پیدا ہوئے ایسی خوشی کا دن تم پر نہ آیا ہوگا.میں نے پوچھا یا رسول اللہ صلی اللہ علیہ وسلم! یہ بشارت آپ صلی اللہ علیہ وسلم کی طرف سے یا اللہ کی طرف سے؟ فرمانے لگے اللہ کی طرف سے. نبی کریم صلی اللہ علیہ وسلم خوش ہوجاتے تو آپ صلی اللہ علیہ وسلم کا چہرہ (مبارک) چمک اٹھتا تھا.گویا چاند کا ٹکڑا ہے اور آپ صلی اللہ علیہ وسلم کی خوشنودی آپکے چہرہ (مبارک) ہی سے ظاہر ہوجاتی. میں نے حضرت محمد صلی اللہ علیہ وسلم سے عرض کی یا رسول اللہ صلی اللہ علیہ وسلم میری قبولیت توبہ کی یہ برکت ہونی چاہیے کہ میں اپنا سارا مال ومتاع اللہ اور اس کے رسول صلی اللہ علیہ وسلم کی راہ میں لٹا دوں. نبی کریم صلی اللہ علیہ وسلم نے فرمایا ایسا نہیں کچھ رکھو اور کچھ صدقہ کردو.یہی بہتر صورت ہے میں نے کہا خیبر سے جو حصہ مجھے ملا تھا وہ میں اپنے لئے رکھ لیتا ہوں. یا رسول اللہ صلی اللہ علیہ وسلم سچائی کی برکتوں کے سبب اللہ نے مجھے نجات بخشی.اللہ کی قسم میں نے جب سے حضرت محمد صلی اللہ علیہ وسلم سے راست گئی کا ذکر کیا پھر کبھی جھوٹ نہیں بولا. اللہ سے دعا ہے کہ وہ آئندہ بھی کبھی مجھ سے جھوٹ نہ بلوائے.

اللہ تعالیٰ ہم کو بھی سچ بولنے کی توفیق دے.آمین

(بخاری شریف)

(''صحیح اسلامی واقعات''،صفحہ نمبر 80-89)

واقعہ نمبر.36

سیدہ زینب رضی اللہ عنہا کی داستان مصیبت

سیدہ زینب رضی اللہ عنہا جب پیدا ہوئیں تو اس وقت نبی صلی اللہ علیہ وسلم کی عمر مبارک 30 سال تھی.ان کا نکاح مکہ ہی میں ابوالعاص رضی اللہ عنہ بن ربیع سے ہوا تھا.ابوالعاص رضی اللہ عنہ کی والدہ ہالہ بنت خویلد حضرت خدیجہ رضی اللہ عنہ کی سگی بہن ہیں. یہ نکاح حضرت خدیجہ رضی اللہ عنہا کے سامنے ہوا تھا.

سیدہ زینب رضی اللہ عنہا اپنی والدہ کے ساتھ ہی داخل اسلام ہوگئی تھیں مگر ابوالعاص رضی اللہ عنہ کا اسلام تاخیر میں رہا. جنگ بدر میں ابوالعاص رضی اللہ عنہ قریش کی جانب تھے.ان کو عبداللہ بن جبیر بن نعمان انصاری نے اسیر کرلیا.سیدہ زینب رضی اللہ عنہا نے ان کے فدیہ میں اپنا وہ ہار بھیجا تھا جو خدیجہ رضی اللہ عنہا نے بیٹی کو جہیز میں دیا تھا.ابتدائے ایام نبوت میں کافران مکہ نے ابوالعاص رضی اللہ عنہ کو بہت اکسایا کہ وہ حضرت زینب رضی اللہ عنہا کو طلاق دے دے مگر اس نے ہمیشہ انکار ہی کیا.ایک موقع پر آپ صلی اللہ علیہ وسلم نے اس فعل کی توصیف شکرگزاری کے ساتھ فرمائی تھی.

ابوالعاص رضی اللہ عنہ تعالیٰ نے اسیری بدر سے رہائی پاتے ہی نبی صلی اللہ علیہ وسلم سے وعدہ کیا کہ سیدہ زینب رضی اللہ عنہا کو ہجرت کی اجازت

دے دے گا. چنانچہ سیدہ اپنے والد مکرم کی خدمت اقدس میں پہنچ گئیں. سفر ہجرت میں سیدہ زینب رضی اللہ عنہا کی مزاحمت ہبار بن الاسود نے نیزہ تان کر کی تھی. اس صدمہ سے ان کا حمل ساقط ہو گیا تھا. ہبار بن الاسود فتح مکہ کے بعد مسلمان ہو گیا تھا اور رحمۃ للعالمین صلی اللہ علیہ وسلم نے اس کا جرم معاف کر دیا. نبی صلی اللہ علیہ وسلم نے ان کی منقبت میں فرمایا ہے:

''یہ میری بیٹیوں میں افضل ہے میرے لئے اسے مصیبت پہنچی''

ابوالعاص رضی اللہ عنہ کو سیدہ زینب رضی اللہ عنہا سے بہت محبت تھی. ابوالعاص رضی اللہ عنہ 6 ہجری میں تجارت کیلئے شام گئے تھے. اس وقت قبیلہ قریش مسلمانوں کا فریق جنگ تھا. اس لئے ابو بصیر و ابو جندل رضی اللہ عنہما کے ہمراہ ہی مسلمانوں نے جو اسلام لانے کے جرم میں قریش کی قید میں رہ چکے تھے اور اب سرحد شام پر ایک پہاڑ پر جاگزیں تھے، اس قافلہ کا تمام سامان ضبط کر لیا. مگر ابوالعاص رضی اللہ عنہ کو گرفتار نہ کیا. ابوالعاص رضی اللہ عنہ وہاں سے سیدھا مدینہ طیبہ پہنچا. نماز کے وقت مسجد میں سیدہ زینب رضی اللہ عنہا کی یہ آواز مسلمانوں کے کان میں پڑی.

''میں ابوالعاص بن ربیع کو پناہ دیتی ہوں.''

یہ آواز اس وقت سنی گئی جب مسلمان نماز میں داخل ہو چکے تھے. نماز سے فارغ ہوئے تو نبی صلی اللہ علیہ وسلم نے فرمایا ''لوگو! تم نے بھی کچھ سنا، جو میں نے سنا ہے.'' سب نے عرض کی. جی ہاں. فرمایا:

''واللہ مجھے اس سے پہلے کچھ علم نہ تھا. میں نے یہ آواز تمہارے ساتھ ہی سنی ہے اور پناہ دینے کا حق تو ہر ادنیٰ مسلمان کو بھی حاصل ہے.''

پھر نبی صلی اللہ علیہ وسلم گھر میں بیٹی کے پاس گئے اور اسے فرمایا ''بیٹی! ابوالعاص کو عزت سے ٹھہراؤ خود اس سے الگ رہو، تو اسے حلال نہیں''.

سیدہ زینب رضی اللہ عنہا نے عرض کی کہ وہ تو مال قافلہ واپس لینے کو آیا ہے تب نبی کریم صلی اللہ علیہ وسلم نے لوگوں میں یہ تقریر فرمائی:

''اس شخص کے متعلق جو ہم میں سے ہے وہ تم جانتے ہی ہو. تم کو اس کا جو مال ہاتھ لگ گیا ہو تو یہ داد الٰہی ہے مگر میں پسند کرتا ہوں کہ تم اس پر احسان کرو اور مال واپس کراؤ. لیکن اگر تم اس سے انکار کرو گے تو میں سمجھتا ہوں کہ تم زیادہ حق دار ہو''.

لوگوں نے سارا مال حتی کہ اونٹ کی نکیل کی رسی بھی واپس کر دی، ابوالعاص رضی اللہ عنہ سارا مال لے کر مکہ پہنچا اور ہر ایک شخص کی ذرا ذرا چیز ادا کر دی. پھر دریافت کیا کہ کسی شخص کا کچھ رہ گیا ہو تو بتا دے. سب نے کہا اللہ تجھے جزائے خیر دے. تم تو وفی و کریم نکلے. تب ابولعاص رضی اللہ عنہ نے کلمہ شہادت پڑھا اور فرمایا کہ اب تک مجھے یہی حال اسلام سے روکتا رہا کہ کوئی شخص مجھے مار لینے کا الزام نہ دے. اب میری ذمہ داری نہ رہی تو میں اب خلعت اسلام سے ملبس و مزین ہوتا ہوں اور مدینہ کو روانہ ہوں. وہ مدینے پہنچے تو نبی صلی اللہ علیہ وسلم نے 6 سال کی مفارقت کے بعد نکاح اول ہی پر سیدہ زینب رضی اللہ عنہا کو حضرت ابوالعاص رضی اللہ عنہ کے گھر رخصت کر دیا.

(سیرت ابن ہشام، ج 2)

(''صحیح اسلامی واقعات''، صفحہ نمبر 91-95)

واقعہ نمبر. 37

ام المومنین ام حبیبہ رضی اللہ عنہا کا واقعہ

ام حبیبہ رضی اللہ عنہا نہایت قدیم الاسلام ہیں. ان کا پہلا شوہر عبداللہ بن جحش تھا جو ہجرت حبشہ کو کیا تھا، دائم الخمر (یعنی شراب نوش) تھا. اس لئے عیسائیوں میں بیٹھ کر عیسائی ہو گیا، مگر ام حبیبہ رضی اللہ عنہا اسلام پر قائم رہیں. اسلام کیلئے انھوں نے باپ بھائی خویش و قبیلہ اور وطن کو چھوڑا تھا. پردیس میں خاوند کا سہارا تھا، اس کے مرتد ہونے سے وہ بھی جاتا رہا. نبی کریم صلی اللہ علیہ وسلم کو ان کا یہ حال معلوم ہوا تو عمرو بن امیہ الفری کو ملک حبشہ کے پاس بھیجا

اسے تحریر فرمایا تھا کہ ام حبیبہ رضی اللہ عنہا کو آنحضرت صلی اللہ علیہ وسلم کا پیام شادی پہنچائے. بادشاہ نے اپنی ایک لونڈی حضرت ام حبیبہ رضی اللہ عنہا کے پاس پیغام نکاح دے کر بھیجی. ام حبیبہ رضی اللہ عنہا اس سے پیشتر خواب میں دیکھ چکی تھیں کہ ان کو کوئی شخص ام المومنین کہہ کر پکار رہا ہے. اب لونڈی سے یہ پیغام سن کر انہوں نے اللہ تعالٰی کا شکر ادا کیا اور شکرانہ میں لونڈی کو اپنا تمام زیور جو جسم پر تھا، عطا فرمایا. نجاشی نے مجلس نکاح خود منعقد کی جس میں حضرت جعفر رضی اللہ عنہ اور دیگر مسلمان مدعو تھے. نجاشی نے خطبہ پڑھا.

(اس کے بعد اس قوم کے سامنے دینار رکھ دیئے.)

پھر خالد بن سعید رضی اللہ عنہ نے جو ام المومنین حضرت ام حبیبہ رضی اللہ عنہا کے وکیل تھے خطبہ پڑھا.

اس کے بعد نجاشی کی جانب سے جملہ حاضرین کو کھانا کھلایا گیا. نجاشی نے بیان کیا کہ انبیاء کی سنت یہ ہے کہ تزویج کے بعد کھانا ہوتا ہے.

ام المومنین ام حبیبہ رضی اللہ عنہا نے 44 ہجری میں مدینے میں وفات پائی. وفات کے وقت حضرت عائشہ رضی اللہ عنہا نے حضرت ام سلمہ رضی اللہ عنہا سے کہا کہ سوتن عورتوں کے درمیان کبھی کچھ نوک جھونک ہو جایا کرتی ہے جو کچھ میں نے کہا سنا ہو، مجھے معاف کر دو. دونوں نے کہا کہ ہم خوشی سے معاف کرتی ہیں. ام حبیبہ رضی اللہ عنہا نے کہا کہ تم نے مجھے شاد ماں (خوش وخرم) کیا، اللہ تم کو شاد ماں کرے.

(رحمۃ للعالمین)

(''صحیح اسلامی واقعات''، صفحہ نمبر 91-95)

واقعہ نمبر. 38

ام سلمہ سے ام المؤمنین رضی اللہ عنہا

ام سلمہ رضی اللہ عنہا نہایت قدیم الاسلام ہیں اور ان کے شوہر ابو سلمہ رضی اللہ عنہ غالباً گیارھویں اسلام لانے والوں میں سے ہیں. ام سلمہ رضی اللہ عنہا نے سب سے پہلے اپنے شوہر ابو سلمہ رضی اللہ عنہ کے ساتھ ہجرت حبشہ کی اور پھر مکہ میں واپس آ گئے. دوسری مرتبہ جب ابو سلمہ رضی اللہ عنہ اور ام سلمہ رضی اللہ عنہا اپنے بچے (سلمہ رضی اللہ عنہا) کے ساتھ ہجرت مدینہ کیلئے نکلے تو ابو سلمہ رضی اللہ عنہ کے گھر والوں نے ان کے بچے سلمہ کو چھین لیا اور کہا کہ تم جہاں چاہو جا سکتے ہو مگر بچے کو جو ہمارے خاندان کا فرد ہے نہیں لے جا سکتے. علی ہذا ام سلمہ رضی اللہ عنہا کے گھرانے والوں نے ام سلمہ رضی اللہ عنہا کو چھین لیا کہ ام سلمہ رضی اللہ عنہا جو کہ ہمارے خاندان کی لڑکی ہے تم نہیں لے جا سکتے. ابو سلمہ رضی اللہ عنہ نہایت قوی الاسلام اور راسخ العزم تھے، بیوی اور بچے چھن جانے پر بھی انہوں نے سفر ہجرت ترک نہ کیا، اللہ اور رسول اللہ صلی اللہ علیہ وسلم کی راہ میں چل پڑے. ام سلمہ رضی اللہ عنہا مکے ہی میں رہیں، وہ ہر شام کو اس مقام پر آ کر بیٹھا کرتی تھیں، جہاں شوہر سے علیحدہ ہوئی تھیں. ایک سال تک برابر روتی رہیں. حتی کہ سنگ دل عزیزوں کا دل بھی ان کے گریہ وآہ وفغاں پر نرما گیا. انہوں نے بچہ بھی دے دیا اور سفر کی اجازت بھی دے دی یہ اللہ کی بندی تنہا مدینے کو چل پڑیں. عثمان بن طلحہ جو کلید بردار بیت الحرم تھے. گو ابھی مسلمان نہیں ہوئے تھے لیکن ان کو ام سلمہ رضی اللہ عنہا کی بے کسی اور تنہائی پر رحم آیا وہ ساتھ ہو گئے. حضرت ام سلمہ رضی اللہ عنہا کو اونٹ پر سوار کراتے اور خود پیدل چلتے. منزل پر پہنچ کر ان سے دور جا ٹھہرے. جب منزل بہ منزل مدینہ طیبہ کے قریب پہنچ گئے اور نخلستان (نخل عربی میں کھجور کے درخت کو کہتے ہیں) مدینہ کے درخت نظر آنے لگے تو کہا: ''دیکھو جس شہر میں تجھے جانا ہے وہ سامنے ہے تم آگے بڑھو، میں واپس جاتا ہوں.'' یہ کہہ کر واپس چلے آئے. ام سلمہ رضی اللہ عنہا پہلی عورت ہیں جو ہجرت کر کے مدینہ آئیں. ان کے پہلے شوہر بڑے شہسوار اور جذبہ جہاد سے سرشار تھے. جنگ بدر میں شریک ہوئے اور پھر جنگ احد میں زخمی ہوئے. زخموں سے جانبر نہ ہو سکے اور جمادی اخریٰ 3 ہجری میں انہوں نے شہادت کی موت پائی. مرتے وقت ان کی زبان پر تھا. اللہ میرے کنبہ کی اچھی نگہداشت کرنا. بوقت شہادت چھوٹے چھوٹے بچے چھوڑے. نبی صلی اللہ علیہ وسلم کو جو محبت اور قرابت ابو سلمہ رضی اللہ عنہ سے تھی ان کا

خیال کرتے ہوئے نیز ام سلمہ رضی اللہ عنہا نے اسلام کیلئے ہجرت حبشہ اور ہجرت مدینہ کرتے ہوئے جن سختیوں کو پورا کیا تھا.ان سب امور پر خیال کرتے ہوئے نبی کریم صلی اللہ علیہ وسلم نے حضرت ام سلمہ رضی اللہ عنہا سے نکاح کرلیا.اور یہ ام سلمہ رضی اللہ عنہا سے ام المؤمنین رضی اللہ عنہا بن گئیں.

(رحمۃ للعالمین)

(''صحیح اسلامی واقعات''،صفحہ نمبر 97-99)

واقعہ نمبر.39

ابوجہل،ابوسفیان اور اخنس بن شریق کا دیوار سے لگ کر قرآن مجید سننا

ابوجہل کے بارے میں کہا گیا ہے کہ وہ رات کو چھپ کر حضرت محمد صلی اللہ علیہ وسلم کی قرات سننے آیا.اسی طرح ابوسفیان ابن صخر اور اخنس بن شریق بھی.ایک کو دوسرے کی خبر نہ تھی.صبح تک تینوں چھپ کر حضرت محمد صلی اللہ علیہ وسلم سے قرآن سنتے رہے.دن کا اجالا ہونے لگا تو واپسی میں ایک سنگھم پر تینوں کی ملاقات ہوگئی.ہر ایک نے دوسرے سے کہا کہ تم کیسے آئے تھے(جب بات کھلی)تو اب سب نے آپس میں یہ معاہدہ کیا کہ ہم کو قرآن سننے کیلئے نہیں آنا چاہیے.کہیں ایسا نہ ہو کہ ہمیں دیکھ کر قریش کے نوجوان بھی آنے لگیں اور آزمائش میں پڑ جائیں.جب دوسری رات آئی تو ہر ایک نے یہی گمان کیا کہ وہ دونوں نہیں آئے ہوں گے چلو قرآن سن لیں.غرض یہ کہ صبح کے قریب تینوں کا سنگھم ہوا اور خلاف معاہدہ ہونے پر ایک دوسرے کو ملامت کرنے لگا اور دوبارہ معاہدہ کرلیا کہ اب کے نہ جائیں گے.(سبحان اللہ! قرآن اور وہ بھی رسول اللہ صلی اللہ علیہ وسلم کی زبان(مبارک)سے،بھلا ان کو کب سونے دیتا تھا.)اور جب تیسری رات آئی تو پھر تینوں حضرت محمد صلی اللہ علیہ وسلم کی مجلس میں گئے پھر صبح کے وقت معاہدہ کرلیا کہ آئندہ سے تو ہرگز نہیں آئیں گے.اب اخنس بن شریق،ابوسفیان بن حرب کے پاس آیا اور کہنے لگا:

اے ابوحنظلہ!تمہاری کیا رائے ہے؟تم نے محمد صلی اللہ علیہ وسلم سے جو قرآن سنا،اس کے بارے میں کیا کہتے ہو؟

ابوسفیان کہنے لگا:اے ابوثعلبہ! اللہ کی قسم میں نے جو باتیں سنی ہیں،ان کو خوب پہنچانتا ہوں اور اس کا جو مطلب ہے اس کو بھی جانتا ہوں لیکن بعض ایسی باتیں سنی ہیں جن کا مقصد اور معنی نہ سمجھ سکا تو اخنس نے کہا:اللہ کی قسم میری بھی یہی حالت ہے.پھر اخنس وہاں سے چل کر ابوجہل کے پاس آیا اور کہنے لگا:اے ابوالحکم!!محمد صلی اللہ علیہ وسلم سے جو کچھ سنا تمہاری اس بارے میں کیا رائے ہے؟اور تم نے کیا سنا ہے؟تو ابوجہل نے کہا:ہم اور بنوعبد مناف مقام شرف کے حاصل کرنے میں ہمیشہ دست وگریباں رہے ہیں.انہوں نے دعوتیں کیں تو ہم نے بھی کیں.انہوں نے خیر وسخاوت کی تو ہم نے بھی کی حتیٰ کہ ہم تو پاؤں جوڑے بیٹھے رہے اور وہ کہنے لگے کہ ہمارے پاس اللہ کا ایک پیغمبر ہے.اس پر آسمان سے وحی اترتی ہے تو اب ہم یہ بات کہاں سے لائیں.اللہ کی قسم ہم اس پر ایمان نہ لائیں گے اور اس کی پیغمبری کی تصدیق نہیں کریں گے.اخنس یہ سن کر چلا گیا.

افسوس کہ حق کو حق سمجھ کر بھی ایمان نہ لائے اور یوں ہی جھوٹی چودھراہٹ کے تحفظ میں جہنم کا سودا کر بیٹھے.

(تفسیر ابن کثیرؒ)

(''صحیح اسلامی واقعات''،صفحہ نمبر 99-101)

واقعہ نمبر.40

حضرت اسید رضی اللہ عنہ کا گھوڑا فرشتوں کو دیکھ کر بدکنے لگا

صحیح بخاری میں ہے کہ حضرت اسید بن حضیر رضی اللہ عنہ،نے ایک مرتبہ رات کو سورۃ البقرۃ کی تلاوت شروع کی.ان کا گھوڑا جوان کے پاس ہی بندھا ہوا تھا،اس نے اچھلنا کودنا اور بدکنا شروع کردیا.آپؓ نے تلاوت چھوڑ دی گھوڑا بھی سیدھا ہوگیا.آپؓ نے پھر پڑھنا شروع کیا.گھوڑے نے پھر

بدکنا شروع کیا. آپؓ نے پھر پڑھنا موقوف کیا گھوڑا بھی ٹھیک ٹھاک ہو گیا. تیسری مرتبہ بھی یہ ہوا. چونکہ ان کے صاحبزادے یحییٰ گھوڑے کے پاس ہی لیٹے ہوء تھے اس لئے ڈر معلوم ہوا کہ کہیں بچے کو چوٹ نہ آ جائے. قرآن کا پڑھنا بند کر کے اسے اٹھا لیا. آسمان کی طرف دیکھا کہ جانور کے بدکنے کی کیا وجہ ہے؟ صبح حضور صلی اللہ علیہ وسلم کی خدمت میں آ کر واقعہ بیان کرنے لگے. آپ صلی اللہ علیہ وسلم سنتے جاتے اور فرماتے جاتے.... اسید پڑھتے چلے جاؤ. حضرت اسید رضی اللہ عنہ نے کہا: حضور صلی اللہ علیہ وسلم تیسری مرتبہ کے بعد تو یحییٰ کی وجہ سے میں نے پڑھنا بالکل بند کر دیا. اب جو نگاہ اٹھی تو کیا دیکھتا ہوں کہ ایک نورانی چیز سایہ دار ابر (بادل) کی طرح کی ہے اور اس میں چراغوں کی طرح کی روشنی ہے. بس میرے دیکھتے ہی دیکھتے وہ اوپر کو اٹھ گئی. آپ صلی اللہ علیہ وسلم نے فرمایا: جانتے ہو، یہ کیا چیز تھی؟ یہ فرشتے تھے جو تمہاری آواز کو سن کر قریب آ گئے تھے. اگر تم پڑھنا موقوف نہ کرتے تو صبح تک یونہی رہتے اور ہر شخص انہیں دیکھ لیتا. کسی سے نہ چھپتے.

(صحیح بخاری)

(''صحیح اسلامی واقعات''، صفحہ نمبر 101-102)

واقعہ نمبر. 41

ایک صحابی رضی اللہ عنہ کے نکاح کا ایمان افروز واقعہ

حضرت سہل بن سعد رضی اللہ عنہ بیان کرتے ہیں کہ ایک عورت رسول اللہ صلی اللہ علیہ وسلم کے پاس آئی اور عرض کرنے لگی کہ حضور (صلی اللہ علیہ وسلم) میں نے اپنے آپ کو آپ صلی اللہ علیہ وسلم کے حوالے کر دیا، جو آپ صلی اللہ علیہ وسلم میرے متعلق فرمائیں گے مجھے منظور ہے. آپ صلی اللہ علیہ وسلم نے سر جھکایا. وہ عورت وہیں بیٹھ گئی. ایک صحابی نے کھڑے ہو کر عرض کیا: حضور (صلی اللہ علیہ وسلم)! اگر آپ صلی اللہ علیہ وسلم کو ضرورت نہیں تو میرا ہی اس سے نکاح کروا دیجئے. آپ صلی اللہ علیہ وسلم نے فرمایا: تیرے پاس مہر دینے کیلئے کچھ ہے؟ اس نے کہا: اللہ کی قسم! حضور صلی اللہ علیہ وسلم میرے پاس کچھ نہیں ہے. آپ صلی اللہ علیہ وسلم نے فرمایا: تو اپنے عزیزوں کے پاس جا کر کچھ لے آ. وہ گیا اور واپس آ کر کہنے لگا: اللہ کی قسم یا رسول اللہ صلی اللہ علیہ وسلم! مجھے کوئی چیز نہیں ملی. آپ صلی اللہ علیہ وسلم نے فرمایا: جا اگر چہ لوہے کی ایک انگوٹھی ہی مل جائے وہی لے آ. وہ گیا پھر لوٹ کر آیا، کہنے لگا اللہ کی قسم حضور صلی اللہ علیہ وسلم! لوہے کی ایک انگوٹھی بھی نہیں ہے. البتہ میری یہ لنگی حاضر ہے، چادر نہیں تھی. آدھی لنگی اس کو دے دوں گا. آپ صلی اللہ علیہ وسلم نے فرمایا: بھلا اس لنگی سے کیا ہو سکتا ہے؟ اگر تو پہنے گا تو عورت پر کچھ نہیں رہے اور اگر عورت لے گی تو تیرے پاس کچھ نہیں رہے گا. یہ سن کر وہ (مسکین صحابیؓ) مایوس ہو کر بیٹھ گیا. بہت دیر تک بیٹھا رہا. پھر کچھ دیر کے بعد اٹھا اور چل دیا. آپ صلی اللہ علیہ وسلم نے دیکھا کہ وہ پیٹھ موڑ کر چل دیا تو فرمایا اس کو بلاؤ. وہ بلایا گیا. جب حاضر ہوا تو آپ صلی اللہ علیہ وسلم نے فرمایا تمہیں قرآن کی کون کون سی سورتیں یاد ہیں. اس نے عرض کیا حضور صلی اللہ علیہ وسلم! فلاں بھی اور فلاں بھی. اب شروع ہوئے اور سورتوں کے نام ایک ایک کر کے گنوانے لگے. آپ صلی اللہ علیہ وسلم نے فرمایا: جا اس قرآن کے بدلہ میں میں نے اس عورت کا نکاح تیرے ساتھ کر دیا جا اس کو قرآن سکھا دینا.

(بخاری شریف)

(''صحیح اسلامی واقعات''، صفحہ نمبر 102-103)

واقعہ نمبر. 42

ایک باعصمت لڑکی اور کفل کا واقعہ

حضرت عبداللہ بن عمر رضی اللہ عنہ فرماتے ہیں کہ میں نے رسول اللہ صلی اللہ علیہ وسلم سے کئی بار یہ سنا آپ صلی اللہ علیہ وسلم فرماتے کہ بنی اسرائیل

میں کفل نامی ایک شخص تھا جو ہمیشہ رات دن برائی میں پھنسا رہتا تھا.کوئی سیاہ کاری ایسی نہ تھی جو اس سے چھوٹی ہو.نفس کی کوئی ایسی خواہش نہ تھی جو اس نے پوری نہ کی ہو.ایک مرتبہ اس نے ایک عورت کو ساٹھ (60) دینار دے کر بدکاری کیلئے آمادہ کیا.جب وہ تنہائی میں اپنے برے کام کے ارادے پر مستعد ہوتا ہے تو وہ نیک بخت بید لرزاں کی طرح تھرانے لگتی ہے.اس کی آنکھوں سے آنسوؤں کی جھڑیاں لگ جاتی ہیں. چہرے کا رنگ فق پڑ جاتا ہے، رونگٹے کھڑے ہو جاتے ہیں، کلیجہ بانسوں اچھلنے لگتا ہے، کفل حیران ہو کر پوچھتا ہے کہ اس ڈر، خوف، دہشت اور وحشت کی کیا وجہ ہے؟

پاک باطن، شریف النفس، باعصمت لڑکی اپنی لڑکھڑاتی زبان سے بھرائی ہوئی آواز میں جواب دیتی ہے. مجھے اللہ کے عذابوں کا خیال ہے اس زبوں کام کو ہمارے پیدا کرنے والے اللہ نے حرام کر دیا ہے. یہ فعل بد ہمارے مالک ذوالجلال کے سامنے ذلیل ورسول کرے گا.منعم حقیقی محسن قدیمی کی یہ نمک حرام ہے.واللہ! میں نے کبھی بھی اللہ کی نافرمانی پر جرات نہ کی. ہائے حاجت اور فقر وفاقہ، کم صبر اور بے استقلالی نے یہ روز بد دکھایا کہ جس کی لونڈی ہوں اس کے سامنے اس کے دیکھتے ہوئے اس کی نافرمانی کرنے پر آمادہ ہو کر اپنی عصمت بیچنے اور اچھوت دامن پر دھبہ لگانے پر تیار ہو گئی.لیکن اے کفل! بخدائے لایزال، خوف اللہ مجھے گھلائے جا رہا ہے.اس کے عذابوں کا کھٹکا کانٹے کیطرح کھٹک رہا ہے. ہائے آج کا دو گھڑی کا لطف صدیوں خون تھکوائے گا اور عذاب الٰہی کا لقمہ بنوائے گا.اے کفل! اللہ کیلئے اس بدکاری سے باز آ اور اپنی اور میری جان پر رحم کر.آخر اللہ کو منہ دکھانا ہے.

اس نیک نہاد اور پاک باطن اور عصمت مآب خاتون کی پراثر اور بے لوث مخلصانہ سچی تقریر اور خیر صوابی نے کفل پر اپنا گہرا اثر ڈالا اور چونکہ جو بات سچی ہوتی ہے دل ہی میں اپنا گھر کرتی ہے.ندامت اور شرمندگی ہر طرف سے گھیر لیتی ہے اور عذاب الٰہی کی خوفناک شکلیں ایک دم آنکھوں کے سامنے آ کر ہر طرف سے حتیٰ کہ در و دیوار سے دکھائی دینے لگتی ہیں.جسم بے جان ہو جاتا ہے، قدم بھاری ہو جاتے ہیں، دل تھرا جاتے ہیں.سو ایسا ہی کفل کو معلوم ہوا.وہ اپنے انجام پر غور کر کے اپنی سیاہ کاریاں یاد کر کے رو دیا اور کہنے لگا.اے پاکباز عورت! تو محض ایک گناہ وہ بھی ناکردہ پر اس قدر کبریائے ذوالجلال سے لرزاں ہے. ہائے میری تو ساری عمر اپنی بدکاریوں اور سیہ اعمالیوں میں بسر ہو گئی میں نے اپنے منہ کی طرح اپنے اعمال نامے کو بھی سیاہ کر دیا.خوف اللہ کبھی پاس بھی نہ بھٹکنے دیا.عذاب الٰہی کی کبھی بھولے سے بھی پرواہ نہ کی. ہائے میرا مالک مجھ سے غصے ہوگا.اس کے عذاب کے فرشتے میری تاک میں ہوں گے.جہنم کی غیظ وغضب اور قہر آلودہ نگاہیں میری طرف ہوں گے. میری قبر کے سانپ بچھو میرے انتظار میں ہوں گے. مجھے تو تیری نسبت زیادہ ڈرنا ڈچاہیے. نہ جانے میدان محشر میں میرا کیا حال ہوگا.اے بزرگ عورت گواہ رہ. میں آج سے تیرے سامنے سچے دل سے توبہ کرتا ہوں کہ آئندہ رب کی ناراضگی کا کوئی کام نہ کروں گا.اللہ کی نافرمانیوں کے پاس نہ پھٹکوں گا.میں نے وہ رقم تمہیں اللہ کے واسطے دی اور میں اپنے ناپاک ارادے سے ہمیشہ کیلئے باز آیا.پھر گریہ زاری کے جناب باری تعالیٰ توبہ واستغفار کرتا ہے.اور رو رو کر اعمال کی سیاہی دھوتا ہے.دامن امید پھیلا کر دست دعا دراز کرتا ہے کہ یاالٰہا العالمین میری سرکشی سے درگزر فرما.مجھے اپنی دامن عفوی میں چھپالے.میرے گناہوں سے چشم پوشی کر مجھے اپنے عذابوں سے آزاد کر.حضور صلی اللہ علیہ وسلم فرماتے ہیں کہ اسی رات اس کا انتقال ہو گیا.صبح کو لوگ دیکھتے ہیں اس کے دروازے پر قدرتاً لکھا ہوا ہے. ان اللّٰہ قد غفر الکفل. یعنی اللہ تعالیٰ نے کفل کے گناہ معاف کر دیئے.

(ترمذی)

(''صحیح اسلامی واقعات''، صفحہ نمبر 103-106)

واقعہ نمبر. 43

رب کی خاطر محبوبہ کو چھوڑنے والا

حدیث شریف میں آتا ہے کہ ایک صحابیؓ جن کا نام مرثد بن ابومرثد رضی اللہ عنہ تھا.یہ مکہ سے مسلمان قیدیوں کو اٹھا کر لایا کرتے تھے اور مدینے

پہنچا دیا کرتے تھے. عناق نامی ایک بدکار عورت مکہ میں رہا کرتی تھی. جاہلیت کے زمانہ میں ان اس عورت سے تعلق تھا. حضرت مرثد رضی اللہ عنہ فرماتے ہیں کہ ایک مرتبہ میں ایک قیدی کو لانے کیلئے مکہ شریف گیا. ایک باغ کی دیوار کے نیچے میں پہنچ گیا. رات کا وقت تھا چاند اپنے حسن سے جہان کو منور کر رہا تھا. اتفاق سے عناق آ پہنچی اور مجھے دیکھ لیا، بلکہ پہچان بھی لیا. اور آواز دے کر کہا: کیا تو مرثد ہے؟ میں نے کہا: ہاں مرثد ہوں. اس نے بڑی خوشی ظاہر کی اور مجھ سے کہنے لگی. چلو رات میرے پاس گزارنا. میں نے کہا: عناق اللہ تعالیٰ نے زنا کاری حرام کر دی ہے. جب وہ مایوس ہو گئی تو اس نے مجھے پکڑوانے کیلئے غل مچانا شروع کیا اور آواز دی اے خیمے والو ہوشیار ہو جاؤ. دیکھو چور آ گیا ہے یہی ہے جو تمہارے قیدیوں کو چرایا کرتا ہے. لوگ جاگ اٹھے اور آٹھ آدمی مجھے پکڑنے کیلئے میرے پیچھے دوڑے. میں مٹھیاں بند کر کے خندق کے راستے بھاگا اور ایک غار میں جا چھپا. یہ لوگ میرے پیچھے ہی غار پر آ پہنچے لیکن میں انہیں نہ ملا. یہ وہیں پیشاب کرنے کو بیٹھے. واللہ! ان کا پیشاب میرے سر پہ آ رہا تھا. لیکن اللہ تعالیٰ نے انہیں اندھا کر دیا. ان کی نگاہیں مجھ پر نہ پڑیں. اِدھر اُدھر ڈھونڈ کر واپس چلے گئے. میں نے کچھ دیر گزار کر جب یہ یقین کر لیا کہ وہ پھر سو گئے ہوں گے تو یہاں سے نکلا. پھر مکہ کی راہ لی اور وہیں پہنچ کر اس مسلمان قیدی کو اپنی کمر پر چڑھایا اور وہاں سے لے بھاگا. چونکہ وہ بھاری بدن کے تھے میں جب اذخر میں پہنچا تو تھک گیا. میں نے انہیں کمر سے اتار کر انکے بندھن کھول دیئے اور آزاد کر دیا. اب اٹھاتا چلاتا مدینے پہنچ گیا. چونکہ عناق کی محبت میرے دل میں تھی میں نے رسول اللہ صلی اللہ علیہ وسلم سے اجازت چاہی کہ میں اس سے نکاح کر لوں. آپ صلی اللہ علیہ وسلم خاموش رہے. میں نے دوبارہ یہی سوال کیا، پھر بھی خاموش رہے اور یہ آیت اتری:

''زانی، زانیہ یا مشرکہ ہی سے نکاح کرے. عورت زانیہ سے زانی یا مشرک ہی نکاح کرے. اور مسلمانوں پر یہ نکاح حرام ہے.''

تو حضور صلی اللہ علیہ وسلم نے فرمایا: اے مرثد! زانیہ سے نکاح زانی یا مشرک ہی کرتا ہے. تو اس سے نکاح کا ارادہ چھوڑ دے. (ترمذی شریف)
(تفسیر ابن کثیرؒ)

واقعہ نمبر. 44

ابوھریرۃ رضی اللہ عنہ کا خوف الٰہی

ایک بار شقیا اصحمی مدینہ آئے. دیکھا کہ ایک شخص کے گرد بھیڑ لگی ہوئی ہے. پوچھا یہ کون ہیں؟ لوگوں نے کہا: ''ابوھریرۃؓ''. چنانچہ یہ ان کے پاس جا کر بیٹھ گئے. اس وقت ابوھریرۃ رضی اللہ عنہ لوگوں کے سامنے حدیث بیان کر رہے تھے. جب حدیث سنا چکے اور مجمع چھٹا تو انہوں نے اس سے کہا کہ رسول اللہ صلی اللہ علیہ وسلم کی کوئی حدیث سنائیے. جس کو آپ نے سنا ہو، سمجھا ہو، جانا ہو. ابوھریرۃ رضی اللہ عنہ نے کہا ایسی ہی حدیث بیان کروں گا. یہ کہا اور چیخ مار کر بے ہوش ہو گئے. تھوڑی دیر بعد ہوش آیا تو کہا میں تم سے ایک ایسی حدیث بیان کروں گا جو آپ صلی اللہ علیہ وسلم نے اس گھر میں بیان فرمائی تھی اور اس وقت میرے اور آپ صلی اللہ علیہ وسلم کے سوا کوئی تیسرا شخص نہ تھا، اتنا کہہ کر پھر زور سے چیخ ماری اور پھر بے ہوش ہو گئے. افاقہ ہوا تو منہ پر ہاتھ پھیر کر کہا: میں تم سے ایک ایسی حدیث بیان کروں گا جو آنحضرت صلی اللہ علیہ وسلم نے اس گھر میں بیان فرمائی تھی اور وہاں میرے اور آپ صلی اللہ علیہ وسلم کے سوا کوئی نہ تھا. یہ کہا اور چیخ مار کر، غش کھا کر منہ کے بل گر پڑے. شقیا اصحمی نے تھام لیا. اور دیر تک سنبھالتے رہے. ہوش آیا تو کہا رسول اللہ صلی اللہ علیہ وسلم نے فرمایا تھا کہ قیامت کے دن جب اللہ بندوں کے فیصلہ کیلئے اترے گا تو سب سے پہلے تین آدمی طلب کیے جائیں گے. عالم قرآن، اللہ کی راہ میں مقتول اور دولت مند. پھر اللہ تعالیٰ عالم سے پوچھے گا: ''کیا میں نے تجھے قرآن کی تعلیم نہیں دی؟ وہ کہے گا ہاں اللہ. اللہ تعالیٰ فرمائے گا تم نے اس پر کیا عمل کیا؟ وہ کہے گا اللہ رات دن اسی کی تلاوت کرتا تھا. اللہ فرمائے گا تو جھوٹا ہے تو اس لئے تلاوت کرتا تھا کہ لوگ تجھے قاری کا خطاب دیں چنانچہ خطاب دیا گیا''. پھر دولت مند سے سوال کرے گا: ''میں نے تجھے کو غنی کر کے لوگوں کی احتیاج سے بے نیاز نہیں کر دیا تھا؟'' وہ کہے گا: ہاں اللہ تعالیٰ فرمائے گا تو نے کیا کیا؟ وہ کہے گا میں صلہ رحمی کرتا تھا، صدقہ دیتا تھا. اللہ فرمائے گا: ''تو جھوٹ بولتا ہے بلکہ اس سے تیرا مقصد یہ تھا کہ تو فیاض اور سخی کہلائے اور لوگوں نے کہا''. پھر وہ

جس کو اللہ کی راہ میں اپنی جان دینے کا دعوئی تھا، پیش کیا جائے گا۔اس سے سوال ہوگا: ''تو کیوں مار ڈالا گیا؟ وہ کہے گا تو نے اپنی راہ میں جہاد کا حکم دیا تھا، میں تیری راہ میں لڑا اور مارا گیا۔اللہ فرمائے گا: ''تو جھوٹ بولتا ہے بلکہ تو چاہتا تھا کہ دنیا میں جری اور بہادر کہلائے تو یہ کہا جا چکا۔''

یہ حدیث بیان کر کے رسول اللہ صلی اللہ علیہ وسلم نے میرے دوزانوں پر ہاتھ مار کر فرمایا: ابوھریرۃ سب سے پہلے ان ہی تینوں سے جہنم کی آگ بھڑکائی جائے گی۔

(سیرت صحابہؓ)

(''صحیح اسلامی واقعات''، صفحہ نمبر 118-120)

قارئین!!! ہمیں کوئی بھی عمل کرتے وقت یہ مشق ضرور کرنی چاہیے کہ جو بھی عمل کریں اس میں اللہ کی رضا مقصود ہوتا کہ قیامت والے دن رسوائی سے نجات حاصل ہو۔اللہ تعالیٰ ہمیں اخلاص جیسی نعمت نصیب کرے۔آمین

واقعہ نمبر 45

بغداد کا سعدون

یحییٰ بن ایوب بیان کرتے ہیں کہ خراسان کے دروازے پر جو قبرستان ہے۔ایک دن میں وہاں گیا اور وہاں پہنچ کر ایسی جگہ بیٹھ گیا کہ وہاں سے مجھے قبرستان میں داخل ہونے والا ہر شخص صاف دکھائی دیتا تھا۔میں نے دیکھا کہ ایک شخص قبرستان میں داخل ہوا اس حالت میں کہ اس نے اپنا منہ سر چھپایا ہوا تھا اور وہاں اِدھر اُدھر گھومنے لگا۔وہ جس قبر کو ٹی ہوئی یا زمین میں دھنسی ہوئی دیکھتا اور وہاں کھڑا ہو جاتا اور اسے دیکھ کر رونے لگ جاتا۔میں اپنی جگہ سے اٹھا۔اس خیال سے کہ میں بھی اس سے کچھ نفع حاصل کروں۔میں جب اس کے قریب پہنچا تو وہ سعدون تھے اور وہ حضرت عبداللہ بن مالک کے قبرستان کی ایک جھونپڑی میں بیٹھا کرتے تھے۔میں نے ان سے کہا کہ اے سعدون! تم کیا کر رہے ہو۔انہوں نے کہا کہ اے یحییٰ کیا تمہارے پاس وقت ہے کہ ہم دونوں بیٹھ کر ان خاک شدہ جسموں کی حالت پر روئیں۔اس سے پہلے کہ ہمارے جسموں کے ساتھ بھی یہی معاملہ ہو اور ان پر رونے والا بھی اس وقت کوئی موجود نہ ہو۔پھر انہوں نے کہا کہ اے یحییٰ اللہ کے روبرو قیامت کے دن رونے سے یہ زیادہ بہتر ہے کہ جسموں کے خاک ہونے کا منظر یاد کر کے ہم اس وقت روئیں۔اس کے بعد کہا: اے یحییٰ ''واذا الصحف نشرت'' (اور جس وقت کے اعمال نامے کھولے جائیں گے)۔یہ آیت پڑھی اور ایک سخت چیخ ماری اور کہا: اے یحییٰ ہائے افسوس! اس وقت کیا ہوگا جس وقت میرے سامنے لایا جائے گا جو کچھ میرے نامہ اعمال میں لکھا ہوگا۔یحییٰ کہتے ہیں کہ اس موقع پر میں ان کی یہ حالت دیکھ کر مارے دہشت کے بیہوش ہو گیا۔جب مجھے ہوش آیا وہ میرے پاس بیٹھے تھے اور میرا چہرہ اپنی آستین سے صاف کر رہے تھے اور کہہ رہے تھے کہ اے یحییٰ کہ اگر تم اس وقت فوت ہو جاتے تو تم سے زیادہ کوئی باشرف نہ ہوتا۔

(صفۃ الصفوۃ ج2، بحوالہ عالم برزخ)

(''صحیح اسلامی واقعات''، صفحہ نمبر 120-122)

واقعہ نمبر 46

جریج کا واقعہ

حضرت ابوھریرۃ رضی اللہ عنہ سے روایت ہے کہ آنحضرت صلی اللہ علیہ وسلم نے فرمایا ''بنی اسرائیل میں ایک عابد (جس کا نام جریج تھا) اس نے عبادت کیلئے ایک معبد خانہ تعمیر کیا ہوا تھا۔ایک دن وہ نماز پڑھ رہا تھا کہ اس کی والدہ نے آ کر اس کو آواز دی۔اے جریج مجھ سے کلام کرو مگر جریج نماز پڑھتا رہا اور دل ہی دل میں سوچا کہ اے اللہ! (ایک طرف) میری نماز اور دوسری طرف والدہ ہے اب کیا کروں؟ نماز پڑھتا رہوں یا والدہ کی سنوں؟

(پھر وہ نماز میں ہی مصروف رہا)۔والدہ نے جب دیکھا کہ جریج نماز میں لگا ہے میری طرف تو توجہ ہی نہیں ہو رہا تو وہ چلی گئی. جب دوسرا دن ہوا تو پھر آئی. اتفاق سے اب بھی وہی معاملہ بنا تو وہ لوٹ گئی. تیسرے دن بھی آئی تو اب بھی جریج کو نماز پڑھتے ہوئے پایا.اس نے آواز دے کر بلایا مگر جریج متوجہ نہ ہوا اور ناراض ہو کر چلی گئی اور غصہ میں آ کر بد عادی کہ اے جریج تمہیں اس وقت تک موت نہ آئے جب تک تم کسی بدکار عورت کا منہ نہ دیکھ لو.اس کی دعا قبول ہوگئی.اس کی تعمیل یوں ہوئی کہ ایک دن جریج عبادت میں مصروف تھا کہ ان کی قوم میں سے ایک بری عورت اس کے پاس آئی اور اپنے ساتھ بدکاری کروانے کا جریج سے کہا مگر اس نے انکار کر دیا وہ چلی گئی اور ایک چرواہے سے جا کر اپنی خواہش کی تکمیل کروالی جس سے وہ حاملہ ہوگئی،تو پھر جب اس نے بچہ جنا تو قوم نے پوچھا یہ کس کا ہے؟ اس نے جریج کا نام لگا دیا.لوگوں نے غصے میں آ کر اس عابد کو بہت مارا اور اس کا عبادت خانہ بھی گرا دیا. جریج نے پوچھا، بھائیو کیا بات ہے؟ تم مجھے کیوں مار رہے ہو؟ انہوں نے کہا کہ تم نے اس عورت کے ساتھ بدفعلی کی ہے اور اس نے بچہ جنا ہے. جریج نے کہا اس بچے کو میرے پاس لاؤ،لوگ لے آئے جریج نے اللہ سے دعا کی پھر اس نے بچے کے پیٹ کو ہاتھ سے ٹھونکا اور پوچھا: یا غلام! اے بچے !من ابوک؟ تیرا باپ کون ہے؟ اللہ نے اس بچے کو قوت گویائی بخشی. وہ بولا:''ابی فلان الراعی'' میرا باپ فلاں بکریوں کا چرواہا ہے. جریج کی یہ کرامت دیکھ کر لوگ بہت شرمندہ ہوئے اور جریج سے معافی مانگی. پھر دریافت کیا کہ اب بتاؤ تمہارا معبد خانہ سونے کا یا چاندی کا بنا دیں.اس نے کہا نہیں بس مٹی کا ہی بنا دو.

(صحیح مسلم)

اس واقعہ سے یہ سبق ملتا ہے کہ والدین کے ساتھ حسن سلوک کرنا چاہیے اور ان کی بد دعا سے ہمیشہ بچنا چاہیے.(یہ بھی یاد رہے کہ اگر والدین اللہ اور اس کے رسول صلی اللہ علیہ وسلم کی نافرمانی کا کہیں تو پھر ان کی نافرمانی جائز ہے.)

(''صحیح اسلامی واقعات''،صفحہ نمبر 122-123)

واقعہ نمبر 47

حضرت علقمہ رضی اللہ عنہ کا واقعہ

نبی کریم صلی اللہ علیہ وسلم کے زمانہ میں ایک جوان تھا جس کو علقمہؓ کہا جاتا تھا وہ بڑا عابد و زاہد تھا نماز،روزہ،صدقہ وغیرہ بڑی تن دہی سے ادا کرتا تھا.وہ بیمار ہوگیا اور مرض شدت پکڑ گئی تو اس کی بیوی نے جناب رسول اللہ صلی اللہ علیہ وسلم کی خدمت اقدس میں ایک آدمی بھیجا کہ میرا خاوند علقمہ رضی اللہ عنہ نزع کی حالت میں ہے مجھ کو خیال آیا کہ اس کی حالت کی آپ صلی اللہ علیہ وسلم کو اطلاع کر دوں. آپ صلی اللہ علیہ وسلم نے حضرت عمار، حضرت صہیب اور حضرت بلال رضی اللہ عنہم کو بلایا اور فرمایا جاکہ اس کو کلمہ شہادت کی تلقین کرو.لیکن اس کی زبان نہ چلتی تھی.رسول اللہ صلی اللہ علیہ وسلم کو اس کی زبان کے کلمہ شریف پر نہ چلنے کی اطلاع دی تو آپ صلی اللہ علیہ وسلم نے فرمایا کہ اس کے ماں باپ میں سے کوئی ایک زندہ ہے؟ عرض کیا جی ہاں! اس کی ماں زندہ ہے، جو کہ بہت ضعیف ہے. آپ صلی اللہ علیہ وسلم نے اس کی طرف ایک آدمی بھیجا کہ اس کی ماں کو کہنا کہ اگر تجھے میرے پاس آنے کی طاقت ہو تو آجا ورنہ وہاں ٹھہر میں خود تیرے پاس آؤں گا. چنانچہ جب وہ فرستادہ اس کے پاس گیا اور آپ صلی اللہ علیہ وسلم کا پیغام دیا تو اس نے کہا: میری جان قربان ہو، میں خود حاضر خدمت ہوں گی. چنانچہ لکڑی کے سہارے چل کر آپ صلی اللہ علیہ وسلم کی خدمت میں حاضر ہوگئی،اور سلام کیا.آپ صلی اللہ علیہ وسلم نے سلام کا جواب دیا اور فرمایا کہ اے علقمہ کی ماں! سچ سچ بتا اگر جھوٹ بولے گی تو اللہ تعالی کی طرف سے میرے پاس وحی آ جائے گی.کیا حال تھا تیرے بیٹے علقمہ کا؟ عرض کیا: یا رسول اللہ صلی اللہ علیہ وسلم ! بڑا نمازی، روزہ رکھنے والا اور بڑی خیرات کرنے والا تھا.آپ صلی اللہ علیہ وسلم نے فرمایا تیرے ساتھ کیا حال تھا؟ عرض کیا یا رسول اللہ صلی اللہ علیہ وسلم میں اس سے ناراض ہوں.آپ صلی اللہ علیہ وسلم نے فرمایا کیوں؟

اس نے عرض کیا یا رسول اللہ صلی اللہ علیہ وسلم وہ اپنی بیوی پر خرچ کرتا تھا اور میری نافرمانی کرتا تھا.فرمایا آپ صلی اللہ علیہ وسلم نے،اس کی ماں کی

نافرمانی روک رہی ہے، اس کی زبان کو کلمہ پڑھنے سے. پھر فرمایا: اے بلال! جاؤ اور بہت سی لکڑیاں جمع کرو. اس عورت نے کہا یا رسول اللہ صلی اللہ علیہ وسلم! لکڑیوں کو کیا کریں گے؟ حضور صلی اللہ علیہ وسلم نے فرمایا ان سے علقمہ کو جلائیں گے. اس عورت نے کہا: یا رسول اللہ صلی اللہ علیہ وسلم وہ تو میرا بیٹا ہے، میرا دل برداشت نہیں کرتا کہ اس کو آپ صلی اللہ علیہ وسلم آگ میں جلائیں گے میرے سامنے.

آپ صلی اللہ علیہ وسلم نے فرمایا: اے علقمہ کی ماں! اللہ کا عذاب تو دائمی ہے اگر تو راضی ہے کہ اللہ تعالیٰ اس کی مغفرت فرما دے، تو تو اس پر خوش ہو جاؤ (آپ صلی اللہ علیہ وسلم نے فرمایا) قسم ہے اس ذات کی جس کے قبضے میں میری جان ہے نہ فائدہ دے گی علقمہ کی اس کی عبادت (نماز، روزہ، خیرات وغیرہ) جب تک تو ناراض رہے گی اس پر. اس عورت نے عرض کیا یا رسول اللہ صلی اللہ علیہ وسلم میں گواہ بناتی ہوں اللہ کو اس کے فرشتوں کو اور جو مسلمان یہاں حاضر ہیں، بے شک میں راضی ہوں اپنے بیٹے علقمہؓ پر. پھر فرمایا آپ صلی اللہ علیہ وسلم نے یا بلال جا کر دیکھ کہ اس کی زبان کلمہ پر چلنے لگی ہے یا نہیں؟ شاید کہ علقمہ کی ماں زبانی کہہ رہی ہو اور دل سے نہ کہا ہو، پس بلال رضی اللہ عنہ گئے اور علقمہؓ کے گھر سے کلمہ کی آواز سنی، پھر اندر آ گئے اور کہا: اے لوگو! بے شک علقمہؓ کی ماں کی ناراضگی نے روک رکھا تھا اس کی زبان کو کلمہ پڑھنے سے. مگر اس کی رضامندی نے اس کو چلا دیا. پھر فوت ہو گئے علقمہؓ اسی دن. اور پھر تشریف لائے رسول اللہ صلی اللہ علیہ وسلم اور حکم فرمایا: اس کو غسل دینے کا اور کفن دینے کا. پھر آپ صلی اللہ علیہ وسلم نے اس کی نماز جنازہ پڑھی اور دفن کیا پھر آپ صلی اللہ علیہ وسلم نے اس کی قبر پر کھڑے ہو کر فرمایا: اے مسلمانوں کی جماعت جو ترجیح دے گا اپنی بیوی کو اپنی ماں پر، تو اس کے اوپر لعنت ہے اللہ تعالیٰ کی اور فرشتوں کی اور تمام لوگوں کی، نہ قبول کرے گا اللہ تعالیٰ اس کا کوئی فرض، نہ نفل مگر یہ کہ توبہ کرے اللہ تعالیٰ سے.

(کتاب الکبائر از امام ذھبیؒ)

(''صحیح اسلامی واقعات''، صفحہ نمبر 123-126)

واقعہ نمبر 48

سیاہ ہاتھ

محمد بن یوسف فریابی سے مروی ہے کہ میں اپنے ساتھیوں کے ہمراہ ابی سنان رحمۃ اللہ کی زیارت کے لئے نکلا تو جب ہم ان کے ہاں پہنچے تو انہوں نے فرمایا کہ میرے پڑوسی کا بھائی فوت ہو گیا ہے. لہٰذا چلیں اور اس کو تعزیت کریں. چنانچہ ہم اٹھے اور اس آدمی کے پاس پہنچے تو ہم نے اس کو دیکھا بہت رو رہا ہے اور شور مچا رہا ہے ہم بیٹھے، افسوس کیا اور اس کو تسلی دی لیکن وہ نہ تو تسلی قبول کرتا اور نہ افسوس، ہم نے کہا کیا تجھ کو معلوم نہیں کہ موت ضروری رستہ ہے اور اس سے کوئی چارہ نہیں تو اس نے کہا ہاں ٹھیک ہے. لیکن میں اس بات پر روتا ہوں جس پر میرے بھائی کو صبح شام عذاب ہو رہا ہے. ہم نے کہا کیا تم کو اللہ تعالیٰ نے غیب پر مطلع کر دیا ہے. اس نے کہا نہیں، بلکہ بات یہ ہے کہ جب ہم نے اس کو قبر میں دفن کیا اور اس پر مٹی برابر کر دی تو تمام لوگ واپس لوٹ گئے اور میں اس کی قبر پر بیٹھا رہا تو اچانک اس کی قبر سے آواز آئی: آہ مجھے اکیلا چھوڑ گئے کہ میں عذاب میں مبتلا ہوں. حالانکہ میں نماز پڑھتا تھا روزہ رکھتا تھا چنانچہ اس کی اس بات سے مجھے رونا آیا اور میں نے اس کی قبر کو کھولا تا کہ اس کو دیکھوں تو یکا یک قبر سے آگ کے شعلے نکل رہے تھے اور اس کے گلے میں آگ کا طوق تھا تو بھائی کی محبت نے مجھے برانگیختہ کیا اور میں نے ہاتھ بڑھایا تا کہ اس کی گردن سے وہ طوق کھینچ لوں تو میری انگلیاں جل گئیں اور ہاتھ بھی. تو اس نے جلا ہوا سیاہ ہاتھ دکھایا، پھر اس پر مٹی ڈال دی اور واپس لوٹ آیا تو پھر کیوں کر نہ روؤں میں اس کی حالت پر اور کیوں نہ غم کروں؟ ہم نے دریافت کیا تیرا بھائی زندگی میں کون سا (برا) کام کرتا تھا اس نے کہا کہ زکوۃ نہیں دیتا تھا.

(کتاب الکبائر از امام ذھبیؒ)

(''صحیح اسلامی واقعات''، صفحہ نمبر 126-127)

واقعہ نمبر 49

نیک بخت باپ اور بد بخت اولاد کا واقعہ

ابن کثیر میں ہے .ایک شخص بڑا نیک اور سخی تھا.اس کا باغ تھا وہ اللہ تعالیٰ کے حق کو ہمیشہ ادا کرتا تھا.اس باغ کی پیداوار میں سے اپنے بال بچوں اور باغ کے خرچ کو نکال کر باقی پیداوار کو اللہ تعالیٰ کے راستے میں خرچ کر ڈالتا تھا.اس لئے اللہ تعالیٰ نے اس کے مال میں بڑی برکت دے رکھی تھی.اس کے انتقال کے بعد جب اس باغ کی وارث اس کی اولاد ہوئی ،تو باپ کے اس خرچ کا حساب کیا تو بہت ٹھہرا.ان لوگوں نے آپس میں مشورہ کر کے یہ طے کیا کہ حقیقت میں ہمارا باپ بڑا ہی بے وقوف اور نادان تھا جو اتنی بڑی رقم مفت خوروں ،غریبوں اور مسکینوں میں بلا وجہ دے دیا کرتا تھا.لہٰذا ہم ان غریبوں کے حق کو روکیں اور ان کو کچھ نہ دیں تو ہمارے پاس بہت مال جمع ہو جائے گا اور ہم سب مال دار ہو جائیں گے.

جب یہ مشورے کر چکے اور باغ کے پھل پک گئے اور کھیتی تیار ہو گئی تو رات ہی کو ان لوگوں نے قسمیں کھائیں کہ صبح ہونے سے پہلے پہلے ،رات کے وقت چلو اور رات کو پھل توڑ لاؤ تا کہ کسی کو خبر نہ ہونے پائے ، چلتے وقت پچھلی رات کو ایک دوسرے کو جگاؤ اور چپکے چپکے دبے پاؤں چلو تا کہ غریبوں کو خبر نہ ہونے پائے کہ آج پھل توڑنے کا دن ہے .ورنہ اپنے باپ کے دستور کے مطابق مجبوراً کچھ نہ کچھ دینا ہی پڑے گا .یہ سب منصوبے بنا کر کانا پھوسی کرتے ہوئے باغ کی طرف چلے .ادھر ان کے پہنچنے سے پہلے ہی اس باغ پر اللہ کا عذاب آیا ،اور آگ نے جلا کر خاکستر کر دیا .وہ وہاں کوئی درخت رہا اور نہ سرسبز لہلہاتی کھیتیاں رہیں اور نہ پھل پھول رہے سوائے راکھ کے جلتے جھلستے ڈھیروں کے سوا کچھ نہ تھا.ایسا معلوم ہوتا تھا کہ کبھی یہاں باغ تھا ہی نہیں .جب یہ لوگ وہاں پہنچے اور یہ ماجرا دیکھا تو ہکے بکے ہو کر رہ گئے .اور حیران و پریشان ہوئے .پھر آپس میں کہنے لگے کہ ہم راستہ بھول گئے .پھر نشانات وغیرہ دیکھ کر سمجھ گئے اور کہنے لگے کہ ہماری بدنیتی اور بخیلی کے سبب یہ بربادکن اور برے نتائج نکلے ہیں .اپنی غلطی کا اعتراف کرتے ہیں اور ایک دوسرے کو ملامت کرتے ہیں.

(تفسیر ابن کثیرؒ ج 5)

(''صحیح اسلامی واقعات''،صفحہ نمبر 127-129)

واقعہ نمبر 50

علوی خاندان کی ایک عورت کا واقعہ

علوی خاندان کا ایک شخص بلخ میں رہتا تھا جو عجم کے شہروں میں سے ایک شہر ہے .اس کی بیوی اور لڑکیاں تھیں اور اللہ تعالیٰ نے انہیں ہر قسم کی نعمتیں عطا کی تھیں ،وہ فوت ہو گیا تو اہل و عیال کو اس کے مرنے کے بعد فقیری اور تنگ دستی نے آ گھیرا چنانچہ وہ بیوہ علویہ عورت اپنی لڑکیوں کو ساتھ لے کر کسی دوسرے شہر چلی گئی تا کہ دشمن کے طعن و تشنیع سے بچے .اتفاقاً ان کا نکلنا بھی سخت سردی کے موسم میں ہوا.جب شہر میں داخل ہوئیں تو اپنی لڑکیوں کو ایک غیر آباد مسجد میں بٹھایا اور خود ان کیلئے کھانے کا بندوبست کے لئے چلی گئی.اس کا گذر دو جماعتوں پر ہوا،ایک جماعت تو ایک مسلمان کے پاس جمع تھی اور وہ شیخ البلاد تھا (یعنی میئر).اور دوسری جماعت ایک مجوسی کے پاس جو کہ (اس کا) نائب تھا. پہلے تو گئی مسلمان کے پاس ،اور اس کو اپنا حال سنایا اور کہا کہ میں ایک علوی شریف خاندان کی عورت ہوں اور میرے ساتھ یتیم لڑکیاں ہیں جن کو میں نے ایک غیر آباد مسجد میں بٹھایا ہے اور آپ سے آج کی رات کا کھانا مانگتی ہوں .اس نے کہا کوئی گواہ لا میرے پاس کہ واقعی تو علوی خاندان کی عورت ہے اس نے کہا میں ایک اجنبی عورت ہوں .اس شہر میں مجھے کوئی نہیں جانتا.

چنانچہ اس شیخ البلد نے منہ موڑ لیا اور وہ عورت شکستہ دل ہو کر چلی گئی.پھر وہ اس مجوسی آدمی کے پاس آئی اور اپنا حال اس کے سامنے بیان کیا کہ میرے ساتھ لڑکیاں ہیں اور میں ایک علوی شریف خاندان کی عورت ہوں اور شیخ البلد کے پاس جانے کا قصہ بھی سارا بیان کیا .وہ مجوسی فوراً اٹھا اور اپنی عورتوں کو بھیجا کہ

اس عورت کو مع اس کی لڑکیوں کے میرے مکان پر لے آ ؤ. پھران کو نہایت ہی نفیس کھانا کھلایا اور بہترین لباس پہنایا. جب آدھی رات ہوئی تو شیخ البلد نے خواب میں دیکھا کہ قیامت قائم ہوگئی ہے اور رکھا گیا ہے جھنڈا, نبی کریم صلی اللہ علیہ وسلم کے سر پر. اور ایک محل ہے سبز یاقوت کا جس کے کنارے یاقوت کے ہیں اور اس میں مرجان کے یاقوت جڑے ہوئے ہیں. پھر کہا شیخ البلد نے یارسول اللہ (صلی اللہ علیہ وسلم)! یہ محل کس کا ہے؟ آپ صلی اللہ علیہ وسلم نے فرمایا: یہ مسلمان کیلئے ہے. اس نے کہا: یارسول اللہ (صلی اللہ علیہ وسلم) میں مسلمان ہوں. تو آپ صلی اللہ علیہ وسلم نے فرمایا: میرے پاس گواہ لا کہ تو واقعی مسلمان ہے. وہ سن کر حیران رہ گیا تو فرمایا نبی کریم صلی اللہ علیہ وسلم نے وہ عورت علویہ جب تیرے پاس آئی تھی تو تو نے بھی تو یہی کہا تھا کہ میرے پاس گواہ لا کہ واقعی تو علویہ عورت ہے. سو اسی طرح تو بھی گواہ لے آ میرے پاس کہ واقعی مسلمان ہے. جب خواب سے بیدار ہوا تو نہایت غم زدہ و پریشان تھا. بیدار ہوتے ہی دریافت کیا کہ وہ عورت کہاں ہے؟ جب معلوم ہوا کہ وہ عورت مجوسی کے پاس ہے. اس نے آدمی بھیجا کہ مجوسی میرے پاس لاؤ. چنانچہ وہ لایا گیا تو اس نے اس کو کہا کہ میں یہ عورت علویہ تجھ سے مانگتا ہوں، مع لڑکیوں کے. اس نے کہا یہ کام بہت ہی مشکل ہے اور مجھ کو بلاشبہ بہت برکات حاصل ہوئی ہیں. اس نے کہا مجھ سے ہزار دینار لے لے اور ان کو مجھے دے دے. اس نے جواب دیا یہ بہت مشکل ہے میں انہیں واپس نہیں کروں گا. مجوسی نے کہا جو چیز آپ چاہتے ہیں میں اس کا زیادہ مستحق ہوں اور وہ محل جو آپ نے خواب میں دیکھا ہے وہ میرے لئے بنایا گیا ہے. کیا تم میرے سامنے اپنا اسلام ظاہر کرتے ہو؟

اللہ کی قسم جب تک میں اور میرا اہل وعیال تمام کے تمام اس علویہ کے ہاتھ پر مسلمان نہیں ہوئے، رات کو سوئے نہیں تھے، میں نے خواب میں اسی طرح دیکھا تھا جس طرح تم نے دیکھا ہے، اور مجھے رسول اللہ صلی اللہ علیہ وسلم نے فرمایا کہ وہ عورت علویہ اور اس کی لڑکیاں تیرے پاس ہیں. میں نے عرض کیا: جی یارسول اللہ (صلی اللہ علیہ وسلم)، تو آپ صلی اللہ علیہ وسلم نے فرمایا: یہ محل تیرا اور تیرے گھر والوں کا ہے، تو اور تیرے گھر والے تمام جنتی ہیں.

(کتاب الکبائر از امام ذھبیؒ)

(''صحیح اسلامی واقعات''، صفحہ نمبر 129-132)

واقعہ نمبر 51

واقعہ ایک باغ کی خیرات کا

حضرت انس بن مالک رضی اللہ عنہ سے روایت ہے کہ تمام انصار میں حضرت ابوطلحہ رضی اللہ عنہ سب سے زیادہ مالدار تھے. وہ تمام مال اور جائیداد میں بیرحیٰ نام باغ کو جو مسجد نبویؐ کے سامنے تھا سب سے زیادہ پسند کرتے تھے. آنحضرت صلی اللہ علیہ وسلم بھی اکثر اس باغ میں جایا کرتے تھے اور اس کے کنویں کا عمدہ پانی پیا کرتے تھے. جب یہ آیت نازل ہوئی:

ترجمہ: ''جب تک تم اپنی پسندیدہ چیز اللہ تعالیٰ کی راہ میں خرچ نہ کروگے، ہرگز بھلائی نہ پاؤ گے.'' (آل عمران)

حضرت ابوطلحہ رضی اللہ عنہ سے حاضر ہوکر آپ صلی اللہ علیہ وسلم سے عرض کیا: یارسول اللہ صلی اللہ علیہ وسلم! اللہ تعالیٰ اس طرح فرماتا ہے اور میرا سب سے زیادہ عزیز مال یہی بیرحیٰ نامی باغ ہے. لہٰذا میں اس امید میں کہ جو بھلائی اللہ کے پاس ہے وہی میرے لئے جمع رہے میں باغ کو اللہ کی راہ میں صدقہ کرتا ہوں. آپ صلی اللہ علیہ وسلم کو اختیار ہے، جس طرح چاہے اس کو تقسیم کردیں. آپ صلی اللہ علیہ وسلم خوش ہوکر فرمانے لگے. واہ واہ یہ بہت ہی فائدہ مند مال ہے. اس سے لوگوں کو بہت فائدہ ہوگا. پھر فرمایا: ابوطلحہ! میری رائے یہ ہے کہ تم اس باغ کو اپنے رشتہ داروں میں تقسیم کردو. عرض کیا: حضور صلی اللہ علیہ وسلم بہت اچھا اور پھر اپنے رشتہ داروں اور بھائیوں میں تقسیم کردیا.

(مسند احمد ، بخاری ومسلم)

(''صحیح اسلامی واقعات''، صفحہ نمبر 132-133)

واقعہ نمبر 52

بادلوں کو ایک شخص کے باغ کو سیراب کرنے کا حکم

ایک شخص اپنی پیداوار کے تین حصے کرتا تھا' ایک حصہ اپنے کھانے اور اپنے بال بچوں کے کھانے کے لئے اور ایک حصہ اللہ کے راستے میں خرچ کرنے کیلئے نکالتا تھا. اور ایک حصہ باغ کی دیکھ بھال کیلئے' وہ ہمیشہ ایسا ہی کرتا تھا. اس لئے اس کے کھیت میں اللہ تعالیٰ کی طرف سے برکت ہوتی اور اس کی کھیتی ہمیشہ سرسبز رہتی. اگر اس کے پاس پانی نہ رہتا تو دوسری جگہ پانی برس کر اور بہہ کر اس کے کھیت میں آ جاتا. ایک مرتبہ کا واقعہ ہے کہ ایک شخص جنگل میں جا رہا تھا اچانک اس کے کان میں ایک آواز آئی کہ کوئی بادلوں سے کہہ رہا ہے.

اسق حديقة فلان . فلاں کے باغ کو سیراب کرو. اس باغ والے کا نام بھی لیا گیا. چنانچہ اس بادل نے وہاں سے ہٹ کر ایک پتھریلی زمین پر جا کر خوب موسلا دھار پانی برسایا. وہ پانی بہہ کر ایک نہر میں جا پہنچا. وہ نہر اس شخص کے باغ میں آتی تھی. یہ شخص اس پانی کے ساتھ چلا کہ دیکھیں کیا ماجرا ہے؟ اور کس بزرگ کی کرامت ہے؟

وہ نہر کے کنارے کنارے چل کر اس باغ میں پہنچ گئے. یہ پانی اس باغ میں نالیوں کے ذریعے پہنچ گیا. اس باغ میں ایک بزرگ پانی کو اِدھر اُدھر کر رہے تھے. اس راہ گیر مسافر نے ان سے دریافت کیا کہ حضرت آپ کا نام کیا ہے؟ اس بزرگ نے وہی نام بتایا' جو اس نے بادلوں میں سنا تھا. اس بزرگ نے راہ گیر سے فرمایا: آپ میرا نام دریافت کیوں کرتے ہیں؟ اس مسافر نے کہا: میں نے اس بادل میں سے جس کا یہ پانی ہے ایک آواز سنی کہ فلاں شخص کے باغ کو سیراب کرو. اس نے آپ ہی کا نام بتایا تھا. وہ بادل برسا اور پانی اس نہر میں بہہ کر آیا. اس عجیب وغریب واقعہ کی تلاش کے لئے میں پانی کے ساتھ ساتھ آیا کہ میں چل کر معلوم کروں کہ وہ کیسے بزرگ ہیں تو حضرت آپ کیا کرتے ہیں اس بزرگ نے فرمایا کہ جب آپ نے دریافت کر لیا ہے تو میں کہتا ہوں کہ اس میں اس کے تین حصے کر ڈالتا ہوں' ایک حصہ اپنے بچوں کیلئے اور ایک حصہ باغ کے خرچ کے لئے اور ایک حصہ اللہ تعالیٰ کے راستے میں خرچ کر ڈالتا ہوں.

(مسلم)

اس لئے جب میرے باغ کو پانی کی ضرورت ہوتی ہے تو قدرت کی طرف سے اس کا انتظام ہو جاتا ہے.

(''صحیح اسلامی واقعات''، صفحہ نمبر 133-135)

واقعہ نمبر 53

صہیب بن سنان الرومی کا واقعہ

بلحاظ نسل یہ عرب تھے اور ان کا والد سنان بن مالک یا ان کا چچا سلطنت ایران کی طرف سے حاکم ابلہ تھا ان کی رہائش موصل کے متصل تھی. اہل روما نے اس علاقے پر حملہ کیا. اس وقت صہیب رضی اللہ عنہ بہت ہی کم عمر تھے، پکڑے گئے پھر قبیلہ کلب میں سے کسی نے ان کو خرید کر مکہ میں فروخت کر دیا. عبداللہ بن جدعان نے ان کو آزاد کر دیا یہ مکہ ہی میں رہنے لگ گئے. ان کا چہرہ بہت سرخ رنگ کا تھا. رومی زبان خوب جانتے تھے. یہ اور عمار بن یاسر رضی اللہ عنہما ایک ہی دن میں داخل اسلام ہوئے تھے.

حمران بن ابان جو حضرت عثمان بن عفان رضی اللہ عنہ کے آزاد کردہ غلام ہیں. صہیب رضی اللہ عنہ کے چچیرے بھائی لگتے تھے. انہوں نے نبی کریم صلی اللہ علیہ وسلم کے بعد ہجرت کی قریش نے کہا کہ تم خود بھی چلے اور اپنا مال بھی، یہاں بیٹھ کر کمایا ہے، لے چلے. صہیب رضی اللہ عنہ نے اپنا مال

قریش کے حوالے کر دیا. کہتے ہیں کہ آیت '' ومن الناس من يشرى نفسه ابتغاء مرضات الله '' کا نزول انہی واقعہ پر ہوا ہے. صہیب رضی اللہ عنہ کی نشست و برخاست قبل از نبوت بھی نبی کریم صلی اللہ علیہ وسلم کے ساتھ رہتی تھی. نبی کریم صلی اللہ علیہ وسلم نے صہیب رضی اللہ عنہ کو سابق الروم، سلمان رضی اللہ عنہ کو سابق فارس اور بلال رضی اللہ عنہ کو سابق حبشہ فرمایا ہے. ایک حدیث میں ہے نبی کریم صلی اللہ علیہ وسلم نے فرمایا جو کوئی اللہ پر اور قیامت پر ایمان رکھتا ہے وہ صہیب سے محبت کیا کرے. ایسی محبت جیسی والدہ کو اپنے بچے سے ہوتی ہے سفر ہجرت میں یہ اور علی مرتضٰی رضی اللہ عنہ دونوں ہم سفر تھے. ان کے مزاج میں ظرافت تھی. ایک روز نبی کریم صلی اللہ علیہ وسلم کھا رہے تھے صہیب رضی اللہ عنہ بھی شامل ہو گئے. حضور صلی اللہ علیہ وسلم نے فرمایا: تیری آنکھ دکھتی ہے پھر بھی کھجور کھاتا ہے انہوں نے عرض کیا کہ میں تو دوسری طرف کے جبڑے سے کھا رہا ہوں جس طرف کی آنکھ نہیں دُکھتی. نبی کریم صلی اللہ علیہ وسلم کھل کھلا کر ہنس پڑے.

حضرت عمر فاروق رضی اللہ عنہ نے زخمی ہو جانے کے بعد حضرت صہیب رضی اللہ عنہ کو امام نماز مقرر کیا تھا اور فرمایا تھا کہ جب تک کسی خلیفہ کا تقرر نہ ہو صہیب رضی اللہ عنہ نماز پڑھایا کرے. ان کا انتقال شوال 39ھ میں بعمر 73 سال مدینہ منورہ میں ہوا.

(تفسیر ابن کثیرؒ)

(''صحیح اسلامی واقعات''، صفحہ نمبر 135-137)

واقعہ نمبر 54

سراقہ رضی اللہ عنہ اعرابی کے ہاتھوں میں کسریٰ کے کنگن

عبدالرحمٰن بن مالک مدلجی جو سراقہ رضی اللہ عنہ کا برادر زادہ ہے. بیان کرتا ہے: سراقہ رضی اللہ عنہ خود سر پر لگائے نیزہ تانے بدن پر ہتھیار سجائے اپنے گھوڑی پر ہوا سے باتیں کرتا جا رہا تھا کہ اس کی نظر حضور صلی اللہ علیہ وسلم پر پڑ گئی. اس نے سمجھا کہ وہ کامیاب ہو گیا. اتنے میں گھوڑی گھٹنوں کے بل گری سراقہ نیچے آیا. اٹھا، گھوڑی کو اٹھایا، سوار ہوا پھر چلا، نبی صلی اللہ علیہ وسلم قرآن مجید کی تلاوت کرتے ہوئے اور مالک سے لو لگائے ہوئے بڑھے چلے جاتے تھے کہ حضور صلی اللہ علیہ وسلم کو دشمن کے قریب تر پہنچنے کی اطلاع کی گئی. فرمایا الٰہی ہمیں اس کے شر سے بچا. ادھر جب الفاظ مبارکہ زبان سے نکلے ادھر گھوڑی کے قوائم زمین میں دھنس گئے، سراقہ گر پڑا اور سمجھ گیا کہ حفاظت الٰہی پر غالب آنا محال ہے. اس نے عاجزانہ الفاظ میں جان کی امان مانگی، امان دی گئی. سراقہ آگے بڑھا اور عرض کیا کہ اب میں ہر ایک حملہ آور کو پیچھے ہی روکتا رہوں گا. پھر اس کی درخواست اور نبی اکرم صلی اللہ علیہ وسلم کے ارشاد پر عامر بن فہیرۃ رضی اللہ عنہ نے اسے خط امان بھی لکھ کر عطا فرما دیا. سراقہ واپس ہونے لگا تو نبی کریم صلی اللہ علیہ وسلم نے فرمایا: سراقہ اس وقت تیری شان کیا ہو گی جب تیرے ہاتھوں میں کسریٰ کے شاہی کنگن پہنائے جائیں گے. اللہ کی قدرت سراقہ واقعہ احد کے بعد مسلمان ہو گئے. حضرت عمر رضی اللہ عنہ کے عہد میں جب مدائن فتح ہوا اور کسریٰ کا تاج اور مرصع زیورات فاروق اعظم رضی اللہ عنہ کے سامنے پیش ہوئے تو امیر المومنین نے سراقہ کو بلایا اور اس کے ہاتھوں میں سوار کسروی پہنائے اور زبان سے فرمایا: اللہ اکبر! اللہ کی بڑی شان ہے کہ کسریٰ کے کنگن سراقہ اعرابی کے ہاتھوں میں پہنائے.

(سیرت النبیؐ)

(''صحیح اسلامی واقعات''، صفحہ نمبر 144-145)

واقعہ نمبر 55

قصہ ایک دشمن رسول صلی اللہ علیہ وسلم کے قتل کا

براء بن عازب سے روایت ہے کہ رسول اللہ صلی اللہ علیہ وسلم نے ابورافع کے پاس کئی انصاریوں کو بھیجا اور عبداللہ بن عتیق کو سردار مقرر کیا.

ابورافع دشمن رسول تھا اور مخالفین رسول کی مدد کرتا تھا۔اس کا قلعہ حجاز میں تھا اور وہ اسی قلعہ میں رہا کرتا تھا۔جب یہ لوگ اس قلعہ کے قریب پہنچے تو سورج ڈوب گیا تھا اور لوگ اپنے جانوروں کو شام ہونے کی وجہ سے واپس لا رہے تھے۔عبداللہ بن عتیق نے کہا: تم یہیں ٹھہرو میں جاتا ہوں اور دربان سے کوئی بہانہ کر کے اندر جانے کی کوشش کروں گا۔ابن عتیق کہتے ہیں کہ میں گیا اور دربان کو ملنے کی تدبیر کر رہا تھا کہ اتنے میں قلعہ والوں کا ایک گدھا گم ہو گیا اور وہ اسے روشنی لے کر تلاش کرنے نکلے۔میں ڈرا کہ کہیں مجھ کو پہنچان نہ لیں۔لہٰذا میں نے اپنا سر چھپا لیا اور اس طرح بیٹھ گیا جس طرح کوئی رفع حاجت کے لئے بیٹھا ہے۔اتنے میں دربان نے آواز دی کہ دروازہ بند کرنا ہے جو اندر آنا چاہے آ جائے۔دربان نے عبداللہ کو یہ خیال کر کے یہ ہمارا ہی آدمی ہے آواز دی کہ اللہ کے بندے تو اندر آنا چاہتا ہے تو آ جا کیوں کہ دروازہ بند کرنا ہے۔

عبداللہ بن عتیق کہتے ہیں کہ میں یہ سن کر اندر گیا اور گدھوں کے باندھنے کی جگہ چھپ گیا۔دربان نے دروازہ بند کر کے ایک چابیاں ایک کیل میں لٹکا دیں۔جب دربان سو گیا تو میں نے اٹھ کر چابیاں اتار لیں اور قلعہ کا دروازہ کھول دیا تا کہ بھاگنے میں آسانی ہو۔ادھر ابورافع کے پاس رات کو داستانیں ہوتی تھیں۔وہ اپنے بالا خانے میں بیٹھا داستان سن رہا تھا جب تمام داستان کہنے والے چلے گئے اور ابورافع سو گیا تو میں بالا خانے پر چڑھا جس دروازہ سے داخل ہوتا تھا اس کو اندر سے بند کر لیتا تھا اور اس سے میری غرض یہ تھی کہ اگر لوگوں کو میری خبر ہو بھی جائے تو ان کے پہنچنے تک میں ابورافع کا کام تمام کر دوں۔

غرض میں ابورافع تک پہنچا وہ ایک اندھیرے کمرے میں اپنے بچوں کے ساتھ سو رہا تھا۔میں اس جگہ کو اچھی طرح معلوم نہ کر سکا اور ابورافع کہہ کر پکارا۔اس نے کہا کون ہے۔میں نے آواز پر ہاتھ بڑھا کر تلوار ماری میرا دل دھڑک رہا تھا مگر یہ وار خالی گیا اور وہ چلایا میں کوٹھری سے باہر آ گیا اور پھر فوراً ہی اندر جا کر پوچھا: ''اے ابورافع! تم کیوں چلائے''۔اس نے مجھے اپنا آدمی سمجھ کر کہا: ''تیری ماں تجھے روئے ابھی مجھ پر کسی نے تلوار سے وار کیا''۔یہ سنتے ہی میں نے ایک ضرب لگائی۔زخم اگرچہ گہرا لگا مگر مرا نہیں۔اس کی بیوی بھاگی اور وہ چیخا میں پھر آواز بدل کر مددگار کی حیثیت سے قریب گیا تو وہ چت پڑا تھا۔میں نے تلوار پیٹ پر رکھ کر زور سے دبا دی گئی ایک ہڈیاں ٹوٹنے کی آوازیں سنی، تلوار چیرتی ہوئی پیٹھ تک پہنچ گئی، اب مجھے یقین ہوا کہ وہ ہلاک ہو گیا ہے۔

پھر میں واپس لوٹا، اور ایک ایک دروازہ کھولتا جاتا اور سیڑھیوں سے اترتا جاتا تھا۔میں سمجھا زمین آ گئی۔چاندنی رات تھی۔میں گرا پڑا پنڈلی ٹوٹ گئی۔میں نے عمامہ سے پنڈلی کو باندھ لیا اور قلعہ سے باہر آ کر بیٹھ گیا۔اور دل میں طے کر لیا اس وقت تک یہاں سے نہیں جاؤں گا جب تک اس کے مرنے کا یقین نہ ہو جائے۔آخر صبح ہوئی، مرغ نے اذان دی اور قلعہ کے اوپر دیوار پر کھڑے ہو کر ایک آدمی نے کہا: لوگو! ابورافع حجاز کا سوداگر مر گیا۔میں یہ سنتے ہی اپنے ساتھیوں کی طرف چلا اور ان سے کہا کہ جلدی چلو، اللہ نے ابورافع کو ہلاک کرا دیا۔

اس کے بعد ہم نے رسول اللہ صلی اللہ علیہ وسلم کو آ کر خوشخبری سنائی۔آپ نے میرے پیر کو دیکھا اور فرمایا کہ اپنا پھیلاؤ میں نے پھیلا آپ صلی اللہ علیہ وسلم نے اپنے دست مبارک سے اپنا لب مبارک پھیر دیا۔ایسا معلوم ہوا کہ اس پیر کو کچھ ہوا ہی نہیں۔

(صحیح البخاری باب قتل ابی رافع)

(''صحیح اسلامی واقعات''، صفحہ نمبر 137-140)

واقعہ نمبر 56

دشمن رسول صلی اللہ علیہ وسلم کعب بن اشرف کا انجام

کعب بن اشرف یہودی نبی کریم صلی اللہ علیہ وسلم کی ذات اقدس کے ساتھ بے انتہاء دشمنی وعداوت رکھتا تھا۔اس ملعون شخص نے آنحضرت صلی اللہ علیہ وسلم کو ہر وہ تکلیف دی جو وہ دے سکتا تھا۔صحیح مسلم میں حضرت عمر رضی اللہ عنہ سے روایت ہے وہ کہتے ہیں کہ میں نے جابر بن عبداللہ رضی اللہ عنہ سے سنا وہ فرماتے تھے کہ آنحضرت صلی اللہ علیہ وسلم نے کعب بن اشرف کی شرارتوں سے تنگ آ کر فرمایا: کعب بن اشرف کو کون ٹھکانے لگائے گا؟ کیوں کہ اس

نے اللہ اور اس کے رسول کو بہت تکلیف دی ہے۔

محبوب رب ذوالجلال کی یہ آرزو دیکھ کر محمد بن مسلمہ رضی اللہ عنہ تعالیٰ بولے: ''کیا آپ پسند فرمائیں گے میں اسے قتل کردوں''۔

آنحضرت صلی اللہ علیہ وسلم نے فرمایا: ''ہاں''

محمد بن مسلمہ رضی اللہ عنہ بولے: ''اجازت ہو تو میں آپ کے بارے میں کچھ کہہ سکوں؟''

آنحضرت صلی اللہ علیہ وسلم نے فرمایا: ''تمہیں اجازت ہے''۔

دربار نبوی صلی اللہ علیہ وسلم سے اجازت پا کر محمد بن مسلمہ رضی اللہ عنہ سیدھے کعب بن اشرف کے پاس پہنچے اور انتہائی رازداری سے بولے: '' اس شخص (یعنی محمد صلی اللہ علیہ وسلم) نے مختلف حیلوں بہانوں سے ہمارا مال ہتھیانے میں کوئی کسر باقی نہیں چھوڑی اور ہمیں تنگ کر رکھا ہے''۔

کعب بن اشرف سن کر بولا: ''واللہ! تم ابھی مزید پریشانیوں کا منہ دیکھو گے''۔

محمد بن مسلمہ رضی اللہ عنہ نے کہا: ''ہم نے اس کی اتباع کر لی ہے لیکن اب اس سے فوراً الگ ہو جانا اچھا نہیں لگتا. البتہ ہم اس انتظار میں ہیں کہ اب یہ کیا رویہ اختیار کرتا ہے۔'' دوران گفتگو حضرت محمد بن مسلمہ رضی اللہ عنہ کہنے لگے: ''کہ مجھے کچھ قرض کی ضرورت ہے اگر ہو تو دے دیجئے''۔

کعب بن اشرف نے پوچھا: ''قرض کے بدلے کیا چیز گروی رکھو گے؟''

محمد بن مسلمہ رضی اللہ عنہ نے بولا: ''جو چاہو''۔

کعب بن اشرف نے بولا: ''اپنی عورتوں کو میرے پاس گروی رکھ دو''۔

محمد بن مسلمہ رضی اللہ عنہ بولے: ''تم پورے عرب سے حسین وجمیل ہو ہماری عورتوں اور آپ میں کیا نسبت؟''

کعب بن اشرف: ''اچھا تو اپنی اولاد کو رہن رکھ دو۔''

محمد بن مسلمہ رضی اللہ عنہ نے کہا: ''دیکھو! کل کلاں ہماری اولاد کو گالیاں دی جائیں گی کہ کھجور کے دو وسق کے بدلے میں ان کو گروی رکھ دیا گیا تھا اور لوگ ہمیں مطعون ٹھہرائیں گے. البتہ ہم اپنے ہتھیار گروی رکھنے کو تیار ہیں. بولو منظور ہے؟''

کعب بن اشرف نے جواب دیا: ''مجھے منظور ہے۔''

محمد بن مسلمہ رضی اللہ عنہ نے کہا: ''میں خود حارث ابی عبس بن جبر، عباد بن بشر اپنے ہتھیار لے کر حاضر ہوں گے''۔

یہ وعدہ لیا اور واپس چلے آئے۔

چنانچہ یہ لوگ وعدے کے مطابق رات کے وقت جب آئے تو کعب بن اشرف کی بیوی کہنے لگی کہ مجھے ان سے خون کی بُو آ رہی ہے۔

کعب بن اشرف نے جواب دیا: گھبرانے کی کوئی بات نہیں ان میں ایک محمد بن مسلمہ اور دوسرا ان کا رضاعی بھائی ہے، اور تیسرا ابو نائیلہ ہے دیکھو ہم لوگ اہل کرم لوگ ہیں. اگر شرفاء کو رات کے وقت بھی جنگ کیلئے بلایا جائے تو ہم اسے قبول کرتے ہیں''۔

دوسری طرف محمد بن مسلمہ رضی اللہ عنہ نے اپنے ساتھیوں سے کہا کہ دیکھو جب کعب بن اشرف آ جائے تو میں اس کے سر کو قابو کرنے کی کوشش کروں گا. میرا اشارہ پاتے ہی تم اسے قتل کر دینا.

تھوڑی دیر نہ گزری تھی کہ کعب بن اشرف ایک چادر اوڑھے ہوئے آ گیا محمد بن مسلمہ رضی اللہ عنہ اور اس کے ساتھی کہنے لگے: ''کیا بات ہے آج تمہارے سر سے بہترین خوشبو آ رہی ہے؟''

کعب بن اشرف بولا: ''ہاں ٹھیک ہے میرے نکاح میں فلاں عورت ہے جو اہل عرب میں بہترین خوشبو پسند کرتی ہے۔''

محمد بن مسلمہ رضی اللہ عنہ کہنے لگے: ''کیا میں خوشبو سونگھ سکتا ہوں؟''

کعب بن اشرف بولا: ''کیوں نہیں؟''

چنانچہ محمد بن مسلمہ رضی اللہ عنہ اوران کے ساتھیوں نے یکے بعد دیگر اس کے سر سے خوشبو سونگھی.

محمد بن مسلمہ رضی اللہ عنہ کہنے لگے: ''اگر اجازت ہوتو ایک مرتبہ اور خوشبو سونگھ لوں؟''

کعب بن اشرف نے اجازت دے دی.

محمد بن مسلمہ رضی اللہ عنہ نے اٹھ کر کعب بن اشرف کا سر مضبوطی سے قابو میں کرلیا اور اپنے ساتھیوں سے اشارہ کرتے ہوئے کہا (اپنا کام کرو) تو ساتھیوں نے فوراً اسے ٹھنڈا کر دیا.

(بخاری شریف)

(''صحیح اسلامی واقعات''، صفحہ نمبر 140-143)

واقعہ نمبر 57

حضرت زید بن حارثہ رضی اللہ عنہ کا واقعہ

سب سے زیادہ جو واقعہ آپ صلی اللہ علیہ وسلم کے بلند ترین اخلاق کی شہادت دیتا ہے وہ حضرت زید بن حارثہ رضی اللہ عنہ کا ہے. یہ قبیلہ کلب کے شخص حارثہ بن شرجیل (یا شراجیل) کے بیٹے تھے اوران کی ماں سعدی بنت ثعلبہ قبیلہ طے کی شاخ بنی معن سے تھیں.

جب یہ آٹھ سال کے تھے اس وقت ان کی ماں انہیں اپنے میکے لے کر گئیں. وہاں بنی قین بن جسر کے لوگوں نے ان کے پڑاؤ پر حملہ کیا اور لوٹ مار کے ساتھ جن آدمیوں کو پکڑ کے لے گئے ان میں حضرت زید بھی تھے. پھر انہوں نے طائف کے قریب عکاظ کے میلے میں لے جا کر ان کو بیچ دیا خریدنے والے حضرت خدیجہ رضی اللہ عنہا کے بھتیجے حکیم بن حزام تھے. انہوں نے مکہ لا کر اپنی پھوپھی صاحبہ کی نذر کر دیا.

نبی اکرم صلی اللہ علیہ وسلم سے جب حضرت خدیجہ رضی اللہ عنہا کا نکاح ہوا تو حضور صلی اللہ علیہ وسلم نے ان کے ہاں زید رضی اللہ عنہ کو دیکھا اوران کی عادات واطوار آپ صلی اللہ علیہ وسلم کو اس قدر پسند آ ئیں کہ آپ صلی اللہ علیہ وسلم نے انہیں حضرت خدیجہ رضی اللہ عنہا سے مانگ لیا. اس طرح یہ خوش قسمت لڑکا اس خیر الخلائق ہستی کی خدمت میں پہنچ گیا. جسے چند سال بعد اللہ تعالیٰ نبی بنانے والا تھا. اس وقت زید رضی اللہ عنہ کی عمر پندرہ سال تھی. کچھ مدت کے بعد ان کے باپ اور چچا کو پتہ چلا کہ ہمارا بچہ مکہ میں ہے اور انہیں تلاش کرتے ہوئے نبی صلی اللہ علیہ وسلم تک پہنچے اور عرض کیا کہ آپ صلی اللہ علیہ وسلم جو فدیہ چاہیں ہم دینے کو تیار ہیں. آپ ہمارا بچہ ہمیں دے دیں. حضور صلی اللہ علیہ وسلم نے فرمایا: میں لڑکے کو بلاتا ہوں اور اس کی مرضی پر چھوڑے دیتا ہوں کہ وہ تمہارے پاس جانا چاہتا ہے یا میرے پاس رہنا پسند کرتا ہے. اگر وہ تمہارے پاس جانا چاہے تو میں کوئی فدیہ نہ لوں گا اور اسے یوں ہی چھوڑ دوں گا. لیکن اگر وہ میرے پاس رہنا چاہے تو میں ایسا آدمی نہیں ہوں کہ جو شخص میرے پاس رہنا چاہتا ہو اسے خواہ مخواہ نکال دوں. انہوں نے کہا یہ تو آپ نے انصاف سے بھی بڑھ کر درست بات فرمائی ہے. آپ بچے کو بلا کر پوچھ لیجئے. حضور صلی اللہ علیہ وسلم نے زید رضی اللہ عنہ کو بلایا اوران سے کہا ''ان دونوں کو جانتے ہو؟'' انہوں نے عرض کیا: ''جی ہاں! یہ میرے والد ہیں اور یہ میرے چچا''. آپ صلی اللہ علیہ وسلم نے فرمایا: ''اچھا تم ان کو بھی جانتے ہو اور مجھے بھی. اب تمہیں پوری آزادی ہے چاہو تو ان کے ساتھ چلے جاؤ اور اگر چاہو تو میرے ساتھ رہو.'' انہوں نے جواب دیا: ''میں آپ صلی اللہ علیہ وسلم کو چھوڑ کر کسی کے پاس نہیں جا سکتا''. ان کے باپ اور چچا نے کہا: زید کیا تو آزادی پر غلامی کو ترجیح دیتا ہے اور اپنے ماں باپ اور خاندان کو چھوڑ کر غیروں کے پاس رہنا چاہتا ہے.''

انہوں نے کہا: ''میں نے ان کے جو اوصاف دیکھے ہیں ان کا تجربہ لینے کے بعد میں دنیا میں کسی کو بھی ان پر ترجیح نہیں دے سکتا''. زید رضی اللہ عنہ کا یہ جواب سن کر ان کے باپ اور چچا بخوشی راضی ہو گئے. حضور صلی اللہ علیہ وسلم نے اسی وقت زید رضی اللہ عنہ کو آزاد کر دیا اور حرم میں جا کر قریش کے مجمع عام میں فرمایا کہ: ''آپ سب لوگ گواہ رہیں آج سے زید رضی اللہ عنہ میرا بیٹا ہے. یہ مجھ سے وراثت پائے گا اور میں اس سے.'' اسی بناء پر لوگ ان کو زید بن محمد صلی اللہ علیہ وسلم کہنے لگے.

(سیرت سرور عالمؐ)

(''صحیح اسلامی واقعات''، صفحہ نمبر 145-147)

واقعہ نمبر 58

ازواج مطہراتؓ کا آپ صلی اللہ علیہ وسلم سے مال طلب کرنے کا دلچسپ واقعہ

مسند احمد میں ہے کہ حضرت ابو بکر رضی اللہ عنہ نے نبی کریم صلی اللہ علیہ وسلم کی خدمت میں حاضر ہونا چاہا. لوگ آپ صلی اللہ علیہ وسلم کے دروازے پر بیٹھے ہوئے تھے اور آپ صلی اللہ علیہ وسلم اندر تشریف فرما تھے. اجازت نہ ملی. اتنے میں حضرت عمر رضی اللہ عنہ بھی آ گئے. اجازت چاہی لیکن انہیں بھی نہ ملی تھوڑی دیر بعد دونوں کو یاد فرمایا گیا، گئے دیکھا کہ آپ صلی اللہ علیہ وسلم کی ازواج مطہرات آپ کے پاس بیٹھی ہیں اور آپ صلی اللہ علیہ وسلم خاموش ہیں. حضرت عمر رضی اللہ عنہ نے کہا دیکھو میں اللہ تعالیٰ کے پیغمبر کو ہنسا دوں گا. پھر کہنے لگے یا رسول اللہ صلی اللہ علیہ وسلم کاش کہ آپ دیکھتے میری بیوی نے آج مجھ سے روپیہ پیسہ مانگا. میرے پاس تھا نہیں، جب زیادہ ضد کرنے لگی تو میں نے اٹھ کر گردن ناپی. یہ سنتے ہی حضور اکرم صلی اللہ علیہ وسلم ہنس پڑے اور فرمانے لگے: یہاں بھی یہی قصہ ہے. دیکھو یہ سب بیٹھی مجھ سے مال طلب کر رہی ہیں. ابو بکر صدیق رضی اللہ عنہ حضرت عائشہ رضی اللہ عنہا کی طرف لپکے اور حضرت عمر رضی اللہ عنہ حضرت حفصہ رضی اللہ عنہا کی طرف، اور فرمانے لگے: افسوس! تم رسول اللہ صلی اللہ علیہ وسلم سے وہ مانگتی ہو جو آپ صلی اللہ علیہ وسلم کے پاس نہیں. آپ صلی اللہ علیہ وسلم نے جب اپنے یاروں کے بدلے ہوئے تیور دیکھے تو انہیں روک دیا. ورنہ عجب نہیں تھا دونوں بزرگ اپنی اپنی صاحبزادیوں کو مارتے. اب تو سب بیویاں کہنے لگیں ہم سے سنگین غلطی ہوئی. اب ہم حضور صلی اللہ علیہ وسلم کو ہرگز اس طرح تنگ نہ کریں گی.

(مسند احمد)

(''صحیح اسلامی واقعات''، صفحہ نمبر 149-150)

واقعہ نمبر 59

حضرت عائشہ رضی اللہ عنہا کا ہار ٹوٹنا، امت کے کیلئے رحمت

حضرت عائشہ رضی اللہ عنہا فرماتی ہیں کہ ہم اپنے کسی سفر میں تھے بیدا یا ذات الجیش میرا ہار ٹوٹ کر کہیں گر پڑا. جس کے ڈھونڈنے کیلئے حضور اکرم صلی اللہ علیہ وسلم مع قافلہ ٹھہر گئے. اب نہ تو ہمارے پاس پانی تھا اور نہ ہی اس میں کسی جگہ. اتنے میں نماز کا وقت آ گیا. اب لوگ آ کر میرے والد حضرت ابو بکر صدیق رضی اللہ عنہ کے پاس میری شکایتیں کرنے لگے. دیکھ ہم ان کی وجہ سے کس مصیبت میں پڑ گئے ہیں. چنانچہ میرے والد صاحب میرے پاس آئے. اس وقت رسول اللہ صلی اللہ علیہ وسلم میری ران پر اپنا سر مبارک رکھ کر سو رہے تھے. آتے ہی بڑے غصے سے مجھے کہنے لگے: عائشہ! تو نے حضور صلی اللہ علیہ وسلم کو اور لوگوں کو روک دیا. اب نہ تو ان کے پاس پانی ہے اور نہ یہاں کہیں پانی نظر آتا ہے. الغرض مجھے خوب ڈانٹا اور اللہ جانے کیا کیا کہا اور میرے پہلو میں اپنے ہاتھ سے کچو کے بھی مارے. لیکن میں نے ذرا سی بھی جنبش نہ کی کہ کہیں رسول اللہ صلی اللہ علیہ وسلم کے آرام میں خلل واقع نہ ہو. اب ساری رات گزر گئی. صبح کو لوگ جاگے. لیکن پانی نہ تھا تو اللہ تعالیٰ نے تیمم کی آیت نازل فرمائی اور سب نے تیمم کیا اور نماز ادا کی. حضرت اسید بن حضیر رضی اللہ عنہ

کہنے لگے: اے ابوبکر رضی اللہ عنہ کے گھر والو! یہ کوئی تمہاری پہلی ہی برکت تو نہیں. اب جب ہم نے اس اونٹ کو اٹھایا جس پر میں سوار تھی، تو اس کے نیچے سے ہی میرا ہار مل گیا.

(بخاری، مسند احمد)

(''صحیح اسلامی واقعات''، صفحہ نمبر 150-151)

واقعہ نمبر 60

غیبی امداد کا ایک واقعہ

تفسیر ابن کثیر میں ہے کہ ایک صاحب فرماتے ہیں کہ میں ایک خچر پر لوگوں کو دمشق سے زبدانی لے جایا کرتا تھا اور اسی کرایہ پر میری گذر بسر تھی. ایک مرتبہ ایک شخص نے خچر کرائے پر لیا میں نے اسے سوار کیا اور لے چلا ایک جگہ دو راستے تھے، جب وہاں پہنچے تو اس نے کہا اس راہ سے چلو، میں نے کہا میں اس راہ سے ناواقف ہوں. سیدھی راہ تو یہی ہے، اس نے کہا نہیں، میں پوری طرح واقف ہوں. یہ بہت نزدیک کا راستہ ہے اس کے کہنے سے اسی راہ چلا تھوڑی دیر کے بعد میں نے دیکھا کہ ہم ایک بیابان میں آ گئے ہیں جہاں کوئی راستہ نظر نہیں آتا نہایت خطرناک جنگل ہے اور ہر طرف لاشیں پڑی ہوئی ہیں میں سہم گیا. وہ مجھ سے کہنے لگا: ذرا لگام تھام لو مجھے یہاں اترنا ہے. میں نے لگام تھام لی اور وہ اترا اور اپنے کپڑے ٹھیک کر کے چھری نکال کر مجھ پر حملہ کیا. میں وہاں سے سرپٹ بھاگا لیکن اس نے میرا تعاقب کیا اور مجھے پکڑ لیا. میں نے اس کی منت وسماجت کی لیکن اس نے خیال بھی نہ کیا. میں نے کہا اچھا یہ خچر اور کل سامان جو میرے پاس ہے تو لے لے اور مجھے چھوڑ دے. اس نے کہا یہ تو میرا ہو ہی چکا لیکن میں تو تجھے زندہ نہیں چھوڑنا چاہتا. میں نے اسے اللہ کا خوف دلایا آخرت کے عذابوں کا ذکر کیا لیکن اس چیز نے بھی اس پر کوئی اثر نہ کیا اور وہ میرے قتل پر تلا رہا. اب میں مایوس ہو گیا، اور مرنے کیلئے تیار ہو گیا اور اس سے بامنت التجا کی کہ آپ مجھے دو رکعت نماز ادا کر لینے دیجئے. اس نے کہا: اچھا جلدی پڑھ لے میں نے نماز شروع کی لیکن اللہ کی قسم! میری زبان سے قرآن مجید کا ایک حرف بھی نہیں نکلتا تھا یونہی ہاتھ باندھے دہشت زدہ کھڑا ہوا تھا اور وہ جلدی مچا رہا تھا. اسی وقت اتفاق سے یہ آیت میری زبان پر آ گئی ''امن یجیب المضطر اذا دعاه ویکشف السوء '' ((اللہ ہی ہے جو بے قرار کی بے قراری کے وقت دعا کو سنتا ہے اور قبول فرماتا ہے اور بے بسی، بے کسی، سختی اور مصیبت کو دور کر دیتا ہے). پس اس آیت کا زبان سے جاری ہونا تھا جو میں نے دیکھا کہ بیچوں بیچ جنگل میں سے ایک گھوڑ سوار تیزی سے اپنا گھوڑا بھگائے نیزہ تانے ہماری طرف چلا آ رہا ہے اور بغیر کچھ کہے ڈاکو کے پیٹ میں اس نے اپنا نیزہ گھسیڑ دیا جو اس کے جگر کے آر پار ہو گیا. وہ اسی وقت بے جان ہو کر گر پڑا. سوار نے باگ موڑی اور جانا چاہا لیکن میں اس کے قدموں سے لپٹ گیا اور کہنے لگا: ''اللہ کیلئے یہ تو بتلاؤ کہ تم کون ہو؟'' اس نے کہا میں اس کا بھیجا ہوا ہوں جو مجبوروں، بے کسوں اور بے بسوں کی دعا قبول فرماتا ہے. اور مصیبت وآفت کو ٹال دیتا ہے. میں نے اللہ کا شکر ادا کیا اور وہاں سے اپنا خچر اور مال لے کر صحیح سالم واپس لوٹا. لہ دعوۃ الحق اسی کو پکارنا حق ہے اس کے سوا نہ کوئی پکار سن سکتا اور نہ مصیبتوں اور پریشانیوں کو دور کر سکتا ہے.

(تفسیر ابن کثیرؒ، جلد 4)

(''صحیح اسلامی واقعات''، صفحہ نمبر 152-154)

اس ایمان افروز وروح افزا واقعہ سے یہ ثابت ہوا کہ جو بھی انسان صرف اللہ کو اپنا کارساز اور مشکل کشا نیز اس کو خالص پکارے گا وہ نجات ضرور پائے گا اگر اس رب العالمین کی مشیت ہو. اللہ تعالیٰ ہمیں توحید پر مبنی عقیدہ نصیب کرے. آمین

واقعہ نمبر 61

رسول اللہ صلی اللہ علیہ وسلم کا والدہ کی قبر کے پاس رونا

صحیح مسلم، مسند احمد وغیرہ میں حضرت ابوھریرۃ رضی اللہ عنہ اور حضرت بریرۃ رضی اللہ عنہا کا بیان ہے کہ نبی کریم صلی اللہ علیہ وسلم اللہ تعالیٰ سے اجازت لے کر جب اپنی والدہ کی قبر کی زیارت کیلئے تشریف لے گئے تو والدہ کی قبر کے پاس بیٹھ کر بے اختیار رونے لگے۔ رسول اللہ صلی اللہ علیہ وسلم کے ساتھ جو صحابہ کرام رضوان اللہ اجمعین تھے وہ بھی آپ صلی اللہ علیہ وسلم کو روتے دیکھ کر بے اختیار رو پڑے۔ راویہ بریرۃ رضی اللہ عنہا کا بیان ہے کہ ہم نے رسول اکرم صلی اللہ علیہ کو اتنا روتے ہوئے کبھی نہ دیکھا جتنا نبی صلی اللہ علیہ وسلم اپنی والدہ کی قبر کے پاس بیٹھ کر روئے۔

(صحیح مسلم مسند احمد)

واقعہ نمبر 62

رسول اللہ صلی اللہ علیہ وسلم کی ولادت اور آپ صلی اللہ علیہ وسلم کے والدین کی وفات

رسول اللہ صلی اللہ علیہ وسلم ابھی شکم آمنہ ہی میں تھے کہ نبی صلی اللہ علیہ وسلم کے والد حضرت عبداللہ اس جہاں فانی سے رخصت ہو گئے۔ علامہ ابن سعد نے طبقات میں لکھا ہے کہ قریش کا ایک قافلہ تجارت کے لئے شام جا رہا تھا۔ رسول اللہ صلی اللہ علیہ وسلم کے والد حضرت عبداللہ بھی اس کے ساتھ چل پڑے اور غزدہ تک گئے۔ قافلہ والے جب تجارت سے فارغ ہو کر واپس لوٹے تو یثرب (مدینہ) سے گذرے۔ اس وقت حضرت عبداللہ بیمار تھے۔ آپ نے قافلہ والوں سے کہا کہ میری صحت مجھے آپ کے ساتھ چلنے کی اجازت نہیں دیتی۔ میں یہیں اپنے ننھیال (بنی عدی بن نجار) کے لوگوں میں ٹھہرتا ہوں۔ (تم چلے جاؤ) قافلہ والے چلے گئے۔ اور آپ یہاں ایک ماہ تک مقیم رہے جب قافلہ مکہ مکرمہ پہنچا تو حضرت عبدالمطلب نے قافلہ والوں سے اپنے لخت جگر جناب عبداللہ کے بارے میں دریافت کیا کہ وہ کہاں ہیں؟ تو انہوں نے کہا وہ بیمار ہو گئے تھے ہم انہیں یثرب بنو نجار کے لوگوں میں چھوڑ آئے ہیں۔ جناب عبدالمطلب نے اپنے صاحب زادے حارث کو جناب عبداللہ کی خبر گیری کے لئے بھیجا اسی اثناء میں آپ وفات پا گئے تھے۔ اور لوگوں نے آپ کو نابغہ کے گھر میں دفن کر دیا تھا۔ جناب عبدالمطلب کو جب اپنے فرزند عبداللہ کی وفات کی خبر ملی تو آپ کو اور (عبداللہ کے) تمام بہن بھائیوں کو سخت صدمہ ہوا کیوں کہ اس وقت رسول اکرم صلی اللہ علیہ وسلم ابھی شکم آمنہ میں ہی تھے۔ (طبقات ابن سعد جلد اول)

آخر دعائے خلیل علیہ السلام اور نوید مسیحا علیہ السلام کے پورا ہونے کا مبارک وقت آ پہنچا اور اللہ وحدہ لاشریک کے آخری رسول صلی اللہ علیہ وسلم حضرت محمد رسول اللہ صلی اللہ علیہ وسلم تشریف لے آئے۔

مشہور سیرت نگار رحمۃ للعالمین کے مصنف حضرت علامہ سید قاضی سلیمان منصور پوری رحمۃ اللہ علیہ لکھتے ہیں کہ آپ صلی اللہ علیہ وسلم کی ولادت باسعادت دوشنبہ کے دن صبح صادق کے بعد اور طلوع آفتاب سے قبل 9 ربیع الاول کو موسم بہار میں ہوئی۔

محسن عالم سرور عالم صلی اللہ علیہ وسلم پیدا ہوئے تو یتیم، جب آپ صلی اللہ علیہ وسلم کی عمر مبارک چھ برس کی ہوئی تو نبی صلی اللہ علیہ وسلم کی مشفق ماں آپ صلی اللہ علیہ وسلم کو ساتھ لے کر مدینہ گئیں۔ مدینہ میں ایک ماہ تک قیام کے بعد جب واپس ہوئیں تو مقام ابواء پر پہنچ کر داغ مفارقت دے گئیں۔ دیار غیر میں دوران سفر حادثہ نبی رحمت صلی اللہ علیہ وسلم پر بجلی بن کر گرا۔ باپ کا سایہ پیدا ہونے سے پہلے ہی سر سے اٹھ چکا تھا۔ اب والدہ نے بھی داعی اجل کو لبیک کہا تو شدت غم سے آپ صلی اللہ علیہ وسلم کی آنکھوں سے بے اختیار آنسو جاری ہو گئے۔

ام ایمن جو اس سفر میں نبی صلی اللہ علیہ وسلم کے ہم رکاب تھیں وہ آپ صلی اللہ علیہ وسلم کو ساتھ لے کر مکہ واپس آئیں۔

(رسول اللہ صلی اللہ علیہ وسلم کے آنسو، مصنف حافظ عبدالشکور، صفحہ 10 - 9)

واقعہ نمبر 63

عبدالمطلب کا جنازہ اور نبی کریم صلی اللہ علیہ وسلم کی حالت

جب حضرت آمنہ نے آپ صلی اللہ علیہ وسلم کو داغ مفارقت دیا تو عبدالمطلب (رحمۃ للعالمین صلی اللہ علیہ وسلم کے دادا) نے حضور صلی اللہ علیہ وسلم کو اپنی آغوش محبت میں لے لیا اور بڑی شفقت و پیار سے تادم آخر سرورِ عالم صلی اللہ علیہ وسلم کو اپنے ساتھ رکھا اور اپنی صلبی اولاد سے بڑھ کر آپ صلی اللہ علیہ وسلم کو عزیز جانا عبدالمطلب بڑے جاہ وجلال کے مالک تھے. ان کی اولاد میں سے کسی کو یہ جرات نہ ہوتی کہ ان کے بستر پر جا بیٹھے مگر نبی صلی اللہ علیہ وسلم بغیر کسی ہچکچاہٹ کے دادا کے بستر پر چلے جاتے. نبی صلی اللہ علیہ وسلم کے چچا آپ کو ہٹانا چاہتے تو عبدالمطلب کہتے میرے بیٹے کو چھوڑ دو. اللہ کی قسم! اس کی شان ہی کچھ اور ہے. میں امید رکھتا ہوں کہ یہ بلند مرتبے پر پہنچے گا. جس پر اس سے پہلے کوئی عرب نہیں پہنچا. بعض روایات کے مطابق عبدالمطلب فرمایا کرتے تھے کہ اس کا مزاج شاہانہ ہے رسول اللہ صلی اللہ علیہ وسلم کو دادا سے بے حد محبت تھی. والدین کا سایہ سر سے اٹھ جانے کے بعد دادا وجودِ رحمت عالم صلی اللہ علیہ وسلم کے لئے تسکین قلب وجان تھا. مگر یہ خیر خواہ بھی زیادہ دیر تک وفا نہ کر سکا. ابھی آپ صلی اللہ علیہ وسلم نے عمر کی آٹھ منزلیں ہی طے کر تھیں کہ دادا عدم کو روانہ ہو گئے. طبقات ابن سعد میں حضرت ام ایمن رضی اللہ عنہ کا بیان ہے کہ میں نے رسول اکرم صلی اللہ علیہ وسلم کو سردار عبدالمطلب کی وفات کے بعد دیکھا کہ جب ان کا جنازہ اٹھا تو نبی صلی اللہ علیہ وسلم پیچھے پیچھے روتے جاتے تھے. (طبقات ابن سعد)

(رسول اللہ صلی اللہ علیہ وسلم کے آنسو ' مصنف حافظ عبدالشکور ' صفحہ 13)

واقعہ نمبر 64

نبی کریم صلی اللہ علیہ وسلم کی آنکھوں آنسو دیکھ کر ابوطالب کی حالت زار

جب رسول اللہ صلی اللہ علیہ وسلم نے مکہ مکرمہ میں عام تبلیغ شروع کی تو کفار مکہ اس کو روکنے کیلئے متحد ہو کر میدان عمل میں آ گئے. جب ان کے تمام حربے ناکام ہو گئے تو یہ دل شکستہ ہو کر رسول اللہ صلی اللہ علیہ وسلم کے چچا ابوطالب کے پاس آئے اور درخواست کی اے ابوطالب! آپ کے بھتیجے نے ہمارے خلاف الزامات کی مہم جاری کر رکھی ہے. ہمارے معبودوں کی مذمت کرنا ہمارے دین میں طرح طرح کے عیب نکالنا' ہمارے عقل مندوں کو بے وقوف بنانا اور ہمارے بزرگوں کو گمراہ کہنا' محمد (صلی اللہ علیہ وسلم) کا روزانہ معمول بن چکا ہے اس کی ایسی تقریریں سن سن کر ہمارا کلیجہ شق ہو چکا ہے. اب ہم تمہارے پاس آئے ہیں کہ اس کو سمجھاؤ کہ ہمارے بزرگوں کی مخالفت سے باز آ جائیں یا پھر ہمیں ان کے معاملہ میں آزاد کر دیجئے. ابوطالب نے قوم کی باتیں پورے تحمل سے سن کر حسن تدبیر سے ان کو رخصت کر دیا.

رسول اللہ صلی اللہ علیہ وسلم کی تبلیغی سرگرمیاں سدا جاری رہنے والی تھیں وہ رہیں. آپ صلی اللہ علیہ وسلم لوگوں کو دعوت الی اللہ دیتے رہے.

قریش نے جب دعوت اسلام کو پہلے سے بھی زیادہ پھیلتے دیکھا تو یہ دوسری مرتبہ ابوطالب کے پاس حاضر ہوئے اور عرض کی صاحب! ہمارے پہلی دفعہ آنے سے کوئی فائدہ نہیں ہوا. آپ کا بھتیجا اسی طرح اپنی سرگرمیاں جاری رکھے ہوئے ہے. بخدا اب ہم مزید صبر نہیں کر سکتے.

اے سردار! (ابوطالب) اگر آپ اپنے بھتیجے کو ان باتوں سے روک نہیں سکتے تو پھر ہماری اور تمہاری جنگ ہو گی خواہ ہم برباد ہو جائیں یا آپ یہ دھمکی دے کر یہ لوگ لوٹ گئے تو عم (چچا) الرسول صلی اللہ علیہ وسلم سر پکڑ کر بیٹھ گئے کہ اب کیا ہو گا؟ یہ لوگ میرے یتیم بھتیجے کے خلاف کیا سوچ رہے ہیں؟ قریش کا یہ وفد جب لوٹا تو ابوطالب نے رسول اللہ صلی اللہ علیہ وسلم کو بلا کر قریش کی ساری گفتگو سے آگاہ کیا اور پھر کہا اے بھتیجے! بہت نازک وقت سر پر آ گیا ہے خدارا مجھ کو اور اپنی جان پر رحم کرو. مجھ پر ایسا بوجھ نہ ڈالو جسے میں برداشت نہ کر سکوں.

جب ابوطالب اپنی بات کہہ چکے تو رسول اللہ صلی اللہ علیہ وسلم نے فرمایا:

چچا جان! میں اللہ بزرگ و برتر کی قسم کھا کر کہتا ہوں کہ اگر یہ لوگ میرے دائیں ہاتھ پر سورج اور بائیں ہاتھ پر چاند بھی رکھ دیں اور شرط یہ ہو کہ

میں توحید کا پرچار کرنا ترک کردوں تو مجھ سے ایسا ہرگز نہ ہوگا. یہاں تک کہ اللہ تعالیٰ خود اسے غلبہ عطا کرے یا میں مرجاؤں. (سیرت ابن ہشام)

راوی کا بیان ہے کہ اس کے بعد رسول اکرم صلی اللہ علیہ وسلم کی آنکھوں میں آنسو بھر آئے اور رحمت للعالمین صلی اللہ علیہ وسلم چچا کے پاس سے اٹھ کھڑے ہوئے. نبی صلی اللہ علیہ وسلم کی آنکھوں میں آنسوؤں کا آنا اور آپ صلی اللہ علیہ وسلم کا یوں اٹھ کھڑے ہونا ابوطالب کیلئے بہت غم کا باعث بن گیا' ابوطالب اس منظر کو دیکھ کر دل پکڑ کر بیٹھ گئے. حضور صلی اللہ علیہ وسلم کے آنسوؤں نے ابوطالب کے دل پر ایسی ضرب لگائی کہ یہ برداشت نہ کر سکے ابوطالب نے فوراً آواز دی: بیٹا ادھر آؤ ہادی برحق صلی اللہ علیہ وسلم آئے تو ابوطالب نے کہا:

اے نور نظر! تمہیں جو کرنا ہے کرو جب تک جسم میں جان ہے تم پر آنچ نہیں آنے دوں گا.

(سیرت ابن ہشام)

(رسول اللہ صلی اللہ علیہ وسلم کے آنسو ' مصنف حافظ عبدالشکور ' صفحہ 16 - 14)

واقعہ نمبر 65

ابوطالب کے دین فوت ہونے پر نبی کریم صلی اللہ علیہ وسلم کا رونا

رسول اللہ صلی اللہ علیہ وسلم کے چچا ابوطالب زندگی بھر آپ صلی اللہ علیہ وسلم کے لئے مصائب و آلام برداشت کرتے رہے مگر افسوس کہ نبی صلی اللہ علیہ وسلم کی ہزاروں کوششوں کے باوجود ایمان نہ لائے. بخاری و مسلم کی روایت ہے کہ نبی صلی اللہ علیہ وسلم ابوطالب کی وفات کے وقت آپ کے پاس تشریف لائے اور فرمایا: یا عم قل لا الہ الا اللّٰہ ۔ چچا جان پڑھئے لا الہ الا اللہ. نبی صلی اللہ علیہ وسلم ابوطالب کی آخری سانس تک بڑی ہی آس امید کے ساتھ مشفق چچا کو مسلمان ہونے کی تلقین کرتے رہے مگر اس وقت ابوجہل اور امیہ وغیرہ ان کے پاس بیٹھے ہوئے تھے. یہ برابر بہکاتے رہے یہاں تک کہ جب آپ پر آخری وقت تھا نبی صلی اللہ علیہ وسلم نے فرمایا: چچا جان اس وقت بھی اگر آپ لا الہ الا اللہ پڑھ لیں تو مجھے اللہ تعالیٰ کی بارگاہ میں آپ کیلئے سفارش کا موقع مل جائے گا. مگر ابوطالب نے کہا کہ میں عبدالمطلب کے طریقہ پر دنیا کو چھوڑتا ہوں. چچا کے بے دین فوت ہونے پر رسول اللہ صلی اللہ علیہ وسلم کو سخت صدمہ ہوا. شدت غم سے رحمت عالم صلی اللہ علیہ وسلم کی آنکھوں سے آنسو جاری ہوگئے اور زبان اقدس سے ارشاد فرمایا: چچا کے لئے اللہ تعالیٰ سے اس وقت تک مغفرت مانگتا رہوں گا جب تک اللہ تعالیٰ مجھ کو اس سے منع نہ کردے.

طبقات ابن سعد میں حضرت علی رضی اللہ عنہ کی روایت ہے کہ میں نے رسول اللہ صلی اللہ علیہ وسلم کو ابوطالب کی وفات کی خبر دی تو نبی صلی اللہ علیہ وسلم زاروقطار رونے لگے اور فرمایا: علی! جاؤ جا کر (ابوطالب کو) غسل دے کر کفن پہناؤ اور دفن کردو. اللہ تعالیٰ اس کی مغفرت فرمائے اور اس پر رحم کرے.

حضرت علی رضی اللہ عنہ فرماتے ہیں میں نے نبی صلی اللہ علیہ وسلم کے ارشاد کی تکمیل کی پھر سرور عالم صلی اللہ علیہ وسلم کئی دن تک باہر نہ نکلے. چچا کے لئے مغفرت کی دعا کرتے رہے تا آنکہ جبریل علیہ السلام اللہ تعالیٰ کا یہ حکم لے کر نازل ہوئے:

نبی (صلی اللہ علیہ وسلم) کو اور ان لوگوں کو جو ایمان رکھتے ہیں ایسا کرنا سزاوار نہیں کہ جب واضح ہوگیا یہ لوگ جہنمی ہیں پھر بھی مشرکوں کی بخشش کے طلب گار رہوں اگرچہ وہ ان کے اعزہ و اقارب ہی کیوں نہ ہوں. (التوبہ)

(نوٹ) بعض معتبر مفسرین نے اس آیت کی نزول کا سبب بعض دوسرے واقعات بھی بتائے ہیں جن کی تفصیل تفاسیر میں درج ہے.

(طبقات ابن سعد' ابن کثیر)

(رسول اللہ صلی اللہ علیہ وسلم کے آنسو ' مصنف حافظ عبدالشکور ' صفحہ 18 - 17)

واقعہ نمبر 66

ام المومنین حضرت خدیجہ رضی اللہ عنہا کا نکاح

رسول اللہ صلی اللہ علیہ وسلم نے جب (چچا کی کفالت میں) ہوش سنبھالا تو چچا کی کمزور مالی حالت اور کثیر العیالی کو دیکھ کر چچا کا ہاتھ بٹانے کی فکر ہوئی لیکن کاروبار کیلئے روپیہ پیسہ نہ تھا. آپ (صلی اللہ علیہ وسلم) کی تجارت کی طرف رغبت کا علم جب مکہ کی سب سے بڑی دولت مند خاتون حضرت خدیجہ رضی اللہ عنہا کو ہوا تو انہوں نے رسول اللہ صلی اللہ علیہ وسلم کو اپنے مال سے تجارت کی دعوت دے دی. یہ آپ (صلی اللہ علیہ وسلم) کی شرافت و دیانت' امانت وصداقت شعاری اور نیک نفسی کا چرچا تو پہلے ہی سن چکی تھیں. اس لئے بغیر کسی غور وفکر کے حضور صلی اللہ علیہ وسلم کی خدمت میں بہت سا مال بغرض تجارت پیش کر دیا اور ساتھ ہی یہ بھی کہا کہ جو معاوضہ میں دوسروں کو دیتی ہوں آپ (صلی اللہ علیہ وسلم) کو اس سے دوگنا دوں گی. رسول اللہ صلی اللہ علیہ وسلم نے اس دعوت کو قبول کر لیا. پھر جب رسول اللہ صلی اللہ علیہ وسلم حضرت خدیجہ رضی اللہ عنہا کا مال لے کر تجارت کو گئے تو اس میں بہت زیادہ نفع ہوا. نبی صلی اللہ علیہ وسلم کے اس سفر تجارت میں حضرت خدیجہ رضی اللہ عنہا کا غلام میسرہ بھی آپ (صلی اللہ علیہ وسلم) کے ہمرکاب تھا. اس نے واپسی پر حضرت خدیجہ رضی اللہ عنہا سے آپ (صلی اللہ علیہ وسلم) کے وہ تمام اخلاق حمیدہ اور اوصاف جمیلہ جن کا خود مشاہدہ کر چکا تھا بیان کر دیئے. حضرت خدیجہ رضی اللہ عنہا نے جب اپنے غلام سے آپ (صلی اللہ علیہ وسلم) کے اوصاف سنے تو نکاح کیلئے پیغام بھیج دیا. (جب کہ اس سے پہلے بڑے بڑے سرداروں کی طرف سے نکاح کی پیش کش کو آپ ٹھکرا چکی تھیں) نبی صلی اللہ علیہ وسلم اپنے چچاؤں حضرت حمزہ رضی اللہ عنہ اور حضرت ابو طالب کو لے کر مقررہ جگہ پر پہنچ گئے. ادھر حضرت خدیجہ رضی اللہ عنہا نے بھی اپنے چچا عمر بن اسد کو پیغام بھیجا کہ آئیں اور میرا نکاح کر دیں. (اس وقت حضرت خدیجہ رضی اللہ عنہا کے والد فوت ہو چکے تھے) یہ بھی آ گئے تو نکاح ہو گیا اس وقت نبی صلی اللہ علیہ وسلم کی عمر مبارک 25 سال اور حضرت خدیجہ رضی اللہ عنہ کی عمر 40 سال تھی.

(رسول اللہ صلی اللہ علیہ وسلم کے آنسو ' مصنف حافظ عبدالشکور ' صفحہ 20 - 19)

واقعہ نمبر 67

نبی صلی اللہ علیہ وسلم پر نزول وحی کا آغاز

نبی صلی اللہ علیہ وسلم کی ساری اولاد ماسوائے حضرت ابراہیم رضی اللہ عنہ کے حضرت خدیجہ رضی اللہ عنہا ہی سے تھی. نکاح کے بعد نبی صلی اللہ علیہ وسلم اپنا اکثر وقت اللہ کی عبادت میں گزارنے لگے. جوں جوں نبوت کے ملنے کا وقت قریب آتا گیا شوق عبادت اور فکر قوم بڑھتا گیا. حضرت خدیجہ رضی اللہ عنہا آپ صلی اللہ علیہ وسلم کو کئی یوم کا کھانا تیار کر دیتیں. نبی صلی اللہ علیہ وسلم اسے لے کر شہر سے باہر کوہ حرا میں جا بیٹھتے. جب آپ صلی اللہ علیہ وسلم کی عمر مبارک کے 40 برس پورے ہو چکے تو ایک دن حضرت جبریل امین علیہ السلام غار حرا میں تشریف لائے جیسا کہ بخاری و مسلم میں حضرت عائشہ رضی اللہ عنہا سے مروی ہے کہ رسول اللہ صلی اللہ علیہ وسلم غار حرا میں تھے کہ آپ صلی اللہ علیہ وسلم کے پاس (اللہ کی طرف سے فرشتہ آیا) اور اس نے آ کر آپ صلی اللہ علیہ وسلم سے کہا اقراء (پڑھیے). آپ صلی اللہ علیہ وسلم نے فرمایا: ما انا بقاری (میں خواندہ نہیں ہوں). فرشتے نے دوسری مرتبہ آپ صلی اللہ علیہ وسلم کو زور سے دبایا اور پھر وہی الفاظ دہرائے. آپ صلی اللہ علیہ وسلم نے پھر وہی جواب دیا تیسری مرتبہ حضرت جبریل علیہ السلام نے زور سے دبا کر کہا:

اقْرَأْ بِاسْمِ رَبِّكَ الَّذِيْ خَلَقَ (1) خَلَقَ الْإِنسَانَ مِنْ عَلَقٍ (2) اقْرَأْ وَرَبُّكَ الْأَكْرَمُ (3) الَّذِيْ عَلَّمَ بِالْقَلَمِ (4) عَلَّمَ الْإِنسَانَ مَا لَمْ يَعْلَمْ (5)

حضرت جبریل علیہ السلام اللہ کا پیغام دے کر رخصت ہوئے تو نبی صلی اللہ علیہ وسلم گھبرائے ہوئے لرزتے کانپتے گھر لوٹے اور سخت گھبراہٹ کی حالت میں حضرت خدیجہ رضی اللہ عنہا سے فرمایا خدیجہ مجھے کمبل اوڑھا دو مجھے اپنی جان کا اندیشہ ہے (کہیں میں مر نہ جاؤں). دانا اور غم گسار بیوی پوچھتی

ہے میرے آقا! آپ (صلی اللہ علیہ وسلم) کو کیا ہوگیا ہے؟ نبی صلی اللہ علیہ وسلم نے سارا واقعہ بیان کر دیا تو حضرت خدیجہ رضی اللہ عنہا نے تسلی دیتے ہوئے عرض کیا:

آقا! آپ کو ڈر کس بات کا؟ اللہ کی قسم اللہ آپ کو ہر تکلیف سے بچائے گا. (میں دیکھتی ہوں) کہ آپ (صلی اللہ علیہ وسلم) اقرباء سے حسن سلوک

کرتے ہیں، بیواؤں، یتیموں، بے کسوں کی مدد فرماتے ہیں. مہمان نوازی کرتے ہیں. مصیبت زدوں سے ہمدردی کرتے ہیں.

اس کے بعد حضرت خدیجہ رضی اللہ عنہا حضور اکرم صلی اللہ علیہ وسلم کو ساتھ لے کر تورات وانجیل کے ایک بہت بڑے عالم ورقہ بن نوفل کے پاس گئیں اور سے کہا: اے چچا کے بیٹے! اپنے بھتیجے (محمد صلی اللہ علیہ وسلم) کی بات سن. ورقہ نے کہا بھتیجے فرمائیں کیا بات ہے؟ نبی صلی اللہ علیہ وسلم نے غار حرا کا سارا واقعہ بیان کر دیا. آپ صلی اللہ علیہ وسلم کا بیان کرنا تھا کہ ورقہ فوراً بول اٹھے:

یہ وہی ناموس (حضرت جبریل علیہ السلام) ہے جو موسیٰ علیہ السلام پر نازل ہوا.

پھر بڑی حسرت سے کہنے لگے:

کاش میں اس وقت تک زندہ رہتا. کاش میں اس وقت جوان ہوتا جب تیری قوم تجھ کو یہاں سے نکال دے گی. آپ صلی اللہ علیہ وسلم نے (تعجب) سے پوچھا: کیا میری قوم مجھ کو نکال دے گی. ورقہ نے کہا: ہاں اس دنیا میں جس نے بھی ایسی تعلیم پیش کی اس کے ساتھ ایسا ہی ہوا. کاش میں ہجرت تک زندہ رہوں اور آپ صلی اللہ علیہ وسلم کی خدمت کروں. (صحیح بخاری)

اس واقعہ کے چند دن بعد حضرت ورقہ بن نوفل مالک حقیقی سے جا ملے.

(رسول اللہ صلی اللہ علیہ وسلم کے آنسو ، مصنف حافظ عبدالشکور ، صفحہ 22 - 20)

واقعہ نمبر 68

نبی کریم صلی اللہ علیہ وسلم کا اعلان نبوت اور وفات خدیجہ رضی اللہ عنہا

جب نبی صلی اللہ علیہ وسلم نے اعلان نبوت کیا تو کفار کی طرف سے رسول اللہ صلی اللہ علیہ وسلم پر طعن وتشنیع کے نشتر چلنے لگے. جب کفار کی بے ہودہ باتوں سے نبی صلی اللہ علیہ وسلم کبیدہ خاطر ہوئے تو حضرت خدیجہ رضی اللہ عنہا عرض کرتیں: ''حضور (صلی اللہ علیہ وسلم)! آپ رنجیدہ نہ ہوا کریں بھلا کوئی ایسا رسول بھی آیا ہے کہ لوگوں نے اس کا تمسخر نہ اڑایا ہو؟''

نبی صلی اللہ علیہ وسلم دن بھر تبلیغ کر کے زخم خوردہ شام کو واپس لوٹتے تو حضرت خدیجہ رضی اللہ عنہا آپ صلی اللہ علیہ وسلم کے زخموں پر مرہم رکھتے ہوئے آپ صلی اللہ علیہ وسلم کی ڈھارس بندھاتیں اور حوصلہ بڑھاتیں. حضرت خدیجہ رضی اللہ عنہا کی باتوں سے آپ صلی اللہ علیہ وسلم کو تسکین ہو جاتی تو تازہ دم ہو کر پھر تبلیغ کیلئے نکل کھڑے ہوتے.

حضرت خدیجۃ الکبریٰ رضی اللہ عنہا کا نبی صلی اللہ علیہ وسلم کے ساتھ گزرا ہوا دور بڑا ہی پر آشوب دور تھا. ام المومنین رضی اللہ عنہا آپ صلی اللہ علیہ وسلم سے سخت تکالیف جھیلتی تھیں اور آپ نے بڑے نامساعد حالات میں رسول اللہ صلی اللہ علیہ وسلم کا ساتھ دیا تھا.

نبی صلی اللہ علیہ وسلم کو حضرت خدیجہ رضی اللہ عنہا سے بے حد محبت تھی. جب تک آپؓ زندہ رہیں حضور صلی اللہ علیہ وسلم نے دوسرا نکاح نہ کیا. کفار نے جب نبی صلی اللہ علیہ وسلم کو شعب ابی طالب میں محصور کیا تو حضرت خدیجہ رضی اللہ عنہا اس سخت ترین ابتلاء میں بھی آپ صلی اللہ علیہ وسلم کے ساتھ تھیں.

حضرت خدیجہ الکبریٰ رضی اللہ عنہا نے تین سال تک اس محصوری کے روح فرسا آلام ومصائب بڑے صبر کے ساتھ برداشت کیے جب یہ انسانیت سوز محاصرہ ختم ہوا تو اس کے بعد ام المومنین خدیجہ رضی اللہ عنہا زیادہ عرصہ تک زندہ نہ رہیں. 10 نبوت رمضان المبارک میں یا اس سے کچھ عرصہ پہلے آپؓ کی طبیعت ناساز ہوگئی. رحمت عالم صلی اللہ علیہ وسلم نے اپنی اس محبوب ترین بیوی کے علاج معالجہ کی کوئی کسر نہ اٹھا رکھی لیکن موت کی کوئی دوا نہیں ہے. آخر اہل ایمان کی یہ عظیم ماں 10 نبوت 11 رمضان المبارک کو رسول اللہ صلی اللہ علیہ وسلم کو داغ مفارقت دے گئیں. آپؓ کی وفات سے نبی صلی اللہ علیہ وسلم پر غم کے پہاڑ ٹوٹ پڑے. جس سال حضرت خدیجہ رضی اللہ عنہا فوت ہوئیں نبی صلی اللہ علیہ وسلم نے اس کا نام عام الحزن (غم کا سال) رکھ دیا. اس بے پناہ صدمے سے آپ صلی اللہ علیہ وسلم اکثر مغموم رہنے لگے. جب بھی حضرت خدیجہ رضی اللہ عنہا کی یاد آتی تو اکثر دل بھر آتا اور آنکھوں سے آنسو جاری ہو جاتے.

(بخاری ومسلم ، ابن ہشام)

(رسول اللہ صلی اللہ علیہ وسلم کے آنسو ، مصنف حافظ عبدالشکور ، صفحہ 23 - 22)

واقعہ نمبر 69

حضرت بلال رضی اللہ عنہ کے مصائب

حضرت بلال حبشی رضی اللہ عنہ یہ ان سات صادقین میں سے ہیں جو ابتدائے اسلام ہی میں مسلمان ہو گئے تھے. حضرت بلال رضی اللہ عنہ امیہ بن خلف کے غلام تھے اور بکریاں چرانے کی ڈیوٹی دیتے تھے.

ایک دن ایک آواز آئی:

''اے چرواہے! کیا تمہارے پاس دودھ ہے؟''

یہ آواز دینے والے حضرت محمد صلی اللہ علیہ وسلم تھے جو اپنے سفر وحضر کے رفیق حضرت ابوبکر صدیق رضی اللہ عنہ کے ساتھ غار حرا میں موجود تھے.

حضرت بلال رضی اللہ عنہ آواز سن کر قریب آئے اور عرض کیا:

''جناب میری بکریوں میں کوئی بکری دودھ دینے والی نہیں اس لئے معذرت چاہتا ہوں کہ آپ کی تمنا پوری نہ کر سکا.''

رسول اللہ صلی اللہ علیہ وسلم نے فرمایا:

''اگر اجازت ہو تو سامنے والی بکری کو دیکھ لیا جائے ہو سکتا ہے اس سے دودھ مل جائے.''

سیدنا بلال رضی اللہ عنہ نے عرض کیا:

''مجھے کوئی اعتراض نہیں، دیکھ لیجئے لیکن یہ ممکن نہیں کہ ایک دودھ دینے والی بکری سے دودھ حاصل کر لیا جائے.''

حضور صلی اللہ علیہ وسلم نے ارشاد فرمایا:

''اجازت دینا تیرا کام اور بکری کے تھنوں میں دودھ بھر دینا اللہ تعالیٰ کا کام''.

حضرت بلال رضی اللہ عنہ نے بکری پیش خدمت کی.

رسول اللہ صلی اللہ علیہ وسلم نے اللہ کا نام لے کر جب بکری کے تھنوں کو ہاتھ لگایا تو بکری کے تھنوں سے دودھ جاری ہو گیا.

اسی دن سے سیدنا بلال رضی اللہ عنہ رسول اللہ صلی اللہ علیہ وسلم کے گرویدہ ہو گئے.

(ابن عساکر)

(رسول اللہ صلی اللہ علیہ وسلم کے آنسو ، مصنف حافظ عبدالشکور ، صفحہ 30 -29)

بقیہ حصہ واقعہ نمبر 70 میں جاری ہے.

واقعہ نمبر 70

حضرت بلال رضی اللہ عنہ کے مصائب

اس واقعہ (69) کے بعد سیدنا بلال رضی اللہ عنہ رسول اللہ صلی اللہ علیہ وسلم کے قریب ہونے لگے. ایک دن رسول اللہ صلی اللہ علیہ وسلم نے فرمایا

بلال!

''میں اللہ تعالیٰ کا رسول ہوں' اللہ ایک ہے' اس کا کوئی شریک نہیں.''

آپ کا کیا خیال ہے؟

حضرت بلال رضی اللہ عنہ جو پہلے ہی اپنا دل نبی صلی اللہ علیہ وسلم کو دے چکے تھے. فوراً کہا:

''لا الہ الا اللہ محمد رسول اللہ''

بس اسی دن سے حضرت بلال رضی اللہ عنہ رسول اللہ صلی اللہ علیہ وسلم کی محبت کے ایسے اسیر ہوئے کہ آخری سانس تک یہ تعلق قائم رہا.

اسلام قبول کرنے پر آپؓ کے سنگ دل' بے رحم مالک نے آپؓ پر سخت سے سخت ظلم کیا' انسانیت سوز اذیتیں دیں. شریر لڑکے (امیہ) کے کہنے پر جانوروں کی طرح مکہ کے پتھریلے بازاروں میں گھسیٹتے پھرتے اور کڑا کے کی دھوپ میں گرم جلتی ہوئی ریت پر لٹا کر اوپر گرم پتھر رکھ دیا جاتا حضرت بلال رضی اللہ عنہ کا ظالم آقا اپنے ناپاک ہاتھوں سے ان کے معصوم چہرے پر بے تحاشا تھپڑ مارتا اور شرک کرنے کیلئے مجبور کرتا مگر یہ ہر حالت میں ایک ہی نعرہ لگاتے:

احد' احد

(اللہ) ایک ہے. (اللہ) ایک ہے. اس کا کوئی شریک نہیں

ایک دن ابوجہل' امیہ بن خلف اور ان کے دوسرے شریر ساتھیوں نے اس قدر مارا کہ تمام جسم لہولہان ہو گیا. آخر تھک ہار کر کہنے لگے:

''بلال! آج جو فیصلہ کرنا ہے کرلو' اسلام چھوڑ دو یا جان سے مار دیئے جاؤ گے.''

حضرت بلال رضی اللہ عنہ نے فرمایا:

''میرے جسم سے میری جان تو نکال سکتے ہو مگر ایمان نہیں.''

اتفاق سے سیدنا صدیق اکبر رضی اللہ عنہ ادھر سے گزرے تو حضرت بلال رضی اللہ عنہ کو کفار کے ہاتھوں پٹتا دیکھ کر بے تاب ہو گئے اور آنکھوں میں آنسو ڈبڈبا آئے. کفار سے مخاطب ہو کر فرمانے لگے:

''آخر اس مسکین پر کب تک ظلم کرتے رہو گے؟''

واپسی پر حضرت بلال رضی اللہ عنہ پر ہونے والے مظالم کا ذکر رحمت عالم صلی اللہ علیہ وسلم سے کیا تو رحمۃ للعالمین صلی اللہ علیہ وسلم کی آنکھیں حضرت بلال رضی اللہ عنہ کے مصائب سن کر اشک بار ہو گئیں.

ایک روز رسول اللہ صلی اللہ علیہ وسلم نے دیکھا کہ حضرت بلال رضی اللہ عنہ کو سخت تکالیف دی جارہی ہے تو سرور رسول عالم صلی اللہ علیہ وسلم نے حضرت ابوبکر صدیق رضی اللہ عنہ سے فرمایا اگر کچھ روپے ہوتے تو بلال رضی اللہ عنہ کو خرید لیا جاتا. حضرت صدیق اکبر رضی اللہ عنہ نے حضرت عباس رضی اللہ عنہ سے جا کر کہا مجھے بلال رضی اللہ عنہ خرید دو. حضرت عباس رضی اللہ عنہ نے خرید دیا. حضرت صدیق رضی اللہ عنہ نے آپ رضی اللہ عنہ کو آزاد کر دیا.

(رسول اللہ صلی اللہ علیہ وسلم کے آنسو ' مصنف حافظ عبدالشکور ' صفحہ 32 -30)

☆ ☆ ☆